Magnetismo Pessoal

HEITOR DURVILLE

Magnetismo Pessoal

EDUCAÇÃO DO PENSAMENTO E DESENVOLVIMENTO DA VONTADE, PARA SERMOS FELIZES, FORTES, SADIOS E ALCANÇARMOS ÊXITO EM TUDO

COM FIGURAS EXPLICATIVAS

Tradução
BRÁULIO PREGO

EDITORA PENSAMENTO
São Paulo

Título original: *Magnétisme Personnel.*

1ª edição 1907.
26ª reimpressão 2013.

Dados Internacionais de Catalogação na Publicação (CIP)
(Câmara Brasileira do Livro, SP, Brasil)

Durville, Heitor, 1849-1923.
Magnetismo pessoal : educação do pensamento e desenvolvimento da vontade, para sermos felizes, fortes, sadios e alcançarmos êxito em tudo / Heitor Durville ; tradução Bráulio Prego. – São Paulo: Pensamento, 2007.

Título original: Magnétisme personnel
25ª reimpr. da 1. ed. de 1907.
"Com figuras explicativas"
ISBN 978-85-315-0398-6

1. Carisma (Traço da personalidade) 2. Felicidade 3. Magnetismo animal 4. Sucesso I. Título.

07-2699 CDD-154.72

Índices para catálogo sistemático:
1. Magnetismo pessoal: Psicologia 154.72

Direitos de tradução para o Brasil adquiridos com exclusividade pela
EDITORA PENSAMENTO-CULTRIX LTDA que se reserva a
propriedade literária desta tradução.
Rua Dr. Mário Vicente, 368 – 04270-000 – São Paulo, SP
Fone: (11) 2066-9000 – Fax: (11) 2066-9008
E-mail: atendimento@editorapensamento.com.br
http://www.editorapensamento.com.br
Foi feito o depósito legal.

Sumário

Prefácio

Esta obra é um tratado de energia psíquica. É um livro de cabeceira, que tem seu lugar reservado tanto no palácio do rico, a quem a fortuna não dá a felicidade, como na choupana do modesto operário, que aspira a uma condição melhor.

Alguns, a quem qualquer esforço parece impossível, a quem a vontade faz mais ou menos falta, vão folheá-la febrilmente, na esperança de nela acharem um segredo, uma fórmula cabalística que tenha o poder de, como a varinha mágica da fada de um conto infantil, fazer brotar instantaneamente a consideração e o amor que lhes faltam, a fortuna e a felicidade que lhes fogem.

Que esses fechem o livro e não procurem nele nenhum segredo, pois aqui não há nada para eles, pelo menos na sua condição psíquica atual. Porém, que procurem compreender que a causa da sua infelicidade reside neles e não fora deles; que ela é o produto do seu caráter, da má orientação dos seus pensamentos, da sua incapacidade, da sua indecisão e da sua falta de vontade. Que procurem persuadir-se igualmente, salvo raríssimas exceções, de que ocupamos a posição social que merecemos; que podemos aperfeiçoar-nos, tornar-nos melhores e que, com perseverança, nos é sempre possível aprender, tornar-nos úteis, aumentar a nossa energia e adquirir as qualidades que nos faltam para merecer uma situação melhor.

Se chegarem a compreender essas verdades incontestáveis e, sobretudo, se forem capazes de fazer esforços para sair do atoleiro em que se meteram, então abram o livro, releiam-no e estudem-no, pondo no conteúdo toda a sua atenção.

Desse modo acharão, como todos os que querem aumentar suas aptidões e adquirir outras novas por uma educação bem compreendida, os meios de desenvolvimento das potências, das forças, que dão a intuição, a coragem, a energia, a confiança, a vontade.

Potência e forças que fazem nascer a simpatia, o interesse, a consideração; que asseguram o amor, o poder, o domínio; que dão e mantêm a saúde física e moral; que fazem girar a roda da fortuna como se deseja; que permitem prever os sucessos futuros e mesmo dirigi-los em grande parte; que dão a possibilidade de realizar tarefas consideradas prodigiosas.

Nele encontrarão, enfim, o segredo da bondade, da virtude, da sabedoria; o segredo dos segredos; a chave da antiga Magia.

Mas, sejamos modestos; não exijamos a posse de todos os poderes, de todos os dons da natureza, pois seria necessário tempo demasiado para adquiri-los e a existência atual não nos bastaria.

Que aqueles que ainda não saíram dos degraus inferiores da escala social se contentem com desejar a melhora de sua situação, ganhar a simpatia, a confiança e a consideração dos que os cercam; com adquirir, não a riqueza, que muito raramente traz a felicidade, mas uma honesta estabilidade.

Que tenham certeza absoluta de que, seguindo a rota traçada nesta obra, chegarão a obter, em algumas semanas ou meses quando muito, resultados apreciáveis que os encorajarão a encaminhar-se ousadamente para o objetivo almejado.

Eles se transformarão pouco a pouco, e, transformando o meio em que se acham, não tardarão em receber a recompensa que merecem. Verão, satisfeitos, que as boas coisas, que por longo tempo desejaram em vão, acontecerão por si mesmas sem que façam nada de especial para obtê-las.

Será este o começo do êxito, a chegada da sorte, será talvez o princípio da fortuna.

Em todos os casos, é a felicidade que se anuncia. De insignificante, de nulo, de antipático mesmo e repulsivo que era, passará a ser alguém e se tornará interessante, simpático e atraente.

Avançando resolutamente nessa via, apesar das ciladas que não deixaremos de encontrar pela frente, teremos a consciência de que esse estado de simpatia constitui um verdadeiro poder adutor, que se fortalece, se desenvolve, cresce; de que pode crescer mais e, até mesmo, crescer sempre; de que poderemos fazer coisas melhores e obter mais e mais; de que, num dado momento num tempo talvez não muito remoto, não haverá fim a que não possamos atingir, nem limites que não possamos ultrapassar.

Quais são os meios a empregar para desenvolver essa simpatia atrativa que deve nos dirigir para o alvo almejado?

Esses meios são bastante numerosos. Dependem primeiramente de certas disposições físicas e morais, naturais ou adquiridas depois, do caráter, que se pode modificar, da orientação que se pode imprimir à corrente dos nossos pensamentos habituais e, sobretudo, da persistência e energia da vontade, que se pode sempre desenvolver.

Alguns sistemas de filosofia ensinam que nosso caráter é imutável; que nascemos com um destino que devemos suportar, sem esperança de modificá-lo.

Não é assim. Podemos não só modificar nosso caráter, mas mudálo completamente — somos senhores quase que absolutos do nosso destino.

Sendo assim, o homem possui, portanto, livre-arbítrio, ainda que certos filósofos afirmem que seu destino é fixo antecipadamente.

A fatalidade governa, evidentemente, os reinos mineral, vegetal, animal, assim como o homem inferior, cuja vontade não foi ainda desenvolvida. Levado pelo destino implacável, o indivíduo desta categoria é fatalmente arrastado na direção que suas atividades anteriores lhe traçaram: é o joguete de todos os acontecimentos. Mas, desde que o homem saiba querer, pode vencer o destino e adquirir seu livre-arbítrio.

Exerce, então, uma ação direta sobre os acontecimentos triviais da vida, e estes, em vez de serem o peso de um passado, respondem aos seus desejos. É o que fez Edgard A. Poe dizer: "Prendendo Deus, estreitamente, a natureza pelo destino, deu a liberdade à vontade humana".

Com efeito, para me servir de um termo correntemente empregado na linguagem filosófica, observa-se, muitas vezes, a pluralidade dos tipos no mesmo indivíduo.

A idade, as doenças, as próprias circunstâncias fazem desaparecer tendências naturais e nascer outras novas. Por exemplo, pelo raciocínio podemos certamente chegar a fazer compreender ao egoísta que ele, renunciando a uma pequena vantagem, poderá realizar outra maior.

De modo análogo podemos igualmente fazer compreender a um homem mau que, causando um sofrimento a outro, impõe a si um maior, e que, para que ele não sofra, deve renunciar (ainda que a título de ensaio e durante um tempo mais ou menos limitado) a fazer sofrer os outros.

Se assim é, o caráter não é imutável; e com atenção, reflexão e vontade que oriente a corrente de pensamentos e, sobretudo, com o tempo que tudo modifica, pode-se conseguir mudá-lo quase completamente e desmentir o provérbio: "Expulse o natural e ele, de súbito, volta a ser o que era".

A mudança obtida, ainda que por um instante, pode repetir-se e sabe-se perfeitamente que uma tarefa difícil se realiza a princípio com dificuldade; que, depois, torna-se cada vez mais fácil, até ser, finalmente, executada com toda a facilidade.

Em todos esses casos, devemos persuadir-nos de que, no domínio psíquico, as mudanças e transformações se fazem como as composições e decomposições químicas, isto é, que nada se faz do nada, que nada se perde e que tudo se transforma.

O esforço mais insignificante, o ato menor que for, deixa, como se verá adiante, um traço duradouro sob uma forma real; e, em um tempo mais ou menos afastado, muitas vezes depois de alguns dias somente, recebemos, por meio de um "reflexo", o efeito dos nossos maus pensamentos, das nossas más ações, como também, certamente, a justa recompensa dos nossos bons pensamentos e boas ações.

A Providência está em nós e não fora de nós: a natureza não nos domina, mas, ao contrário, obedece aos nossos impulsos, ao nosso movimento interno; ela não é senão o campo posto à nossa disposição para cultivar a nossa evolução, e só podemos colher o que nele tivermos plantado; em uma palavra: nós mesmos forjamos o nosso destino.

Não há efeito sem causa; o acaso não existe e o maior número de sucessos ordinários da vida pode ser previsto, pois os que se cumprem neste momento são a conseqüência dos que se deram no passado, como os que se realizarem no futuro dependem dos fatos presentes. Quando durante muito tempo as repetimos, as menores coisas geram os maiores efeitos; e sabemos que a gota d'água, à força de bater na pedra dura, consegue furá-la.

Em princípio, para nos traçar um destino feliz, convém inicialmente que cada qual procure o caminho que mais lhe convenha, pois todos nós temos aptidões especiais; que adquira todos os conhecimentos requeridos para estar sempre à altura de sua tarefa, e que dirija a corrente de seus pensamentos para o fim que deseja atingir.

Mas não basta dizer apenas com os lábios: eu quero; convém que a vontade parta naturalmente dos recessos mais profundos da consciência e que nasça de um vivo desejo de êxito; que seja uma vontade calma, constante, uniforme; que, sem orgulho, mas com nobre altivez, se tenha a maior confiança em seu próprio valor, na eficácia dos meios que se empregam e na certeza absoluta da vitória.

Nem todos os indivíduos são aptos para querer com energia e perseverança. A calma e o sangue-frio no momento do perigo são indícios de uma vontade poderosa.

Em geral, as pessoas nervosas e impressionáveis, que se irritam com a menor provocação, são indivíduos de vontade fraca, sobretudo quando são teimosos e não cumprem a determinação tomada no momento de exaltação.

Mas a vontade de uns e de outros é sempre suscetível de educação e desenvolvimento, e isto com tanto mais facilidade quanto menos obstinados forem.

Assim, para sermos fortes, sadios, termos êxito em tudo e assegurarmos o nosso destino, convém que exerçamos ao nosso redor uma poderosa influência pessoal; que sejamos simpáticos e atraentes.

Essa influência, num grau mais ou menos elevado naturalmente e mesmo inconscientemente, possuem os líderes da opinião pública, reformadores e religiosos, grandes oradores e por todos aqueles que, de baixa situação social, elevam-se às melhores posições.

Se estes conhecessem a natureza e a causa da influência que exercem instintivamente sobre os que os rodeiam, poderiam, mui facilmente, fortificá-la, desenvolvê-la mais e melhor e dirigi-la para obter resultados mais importantes.

Essa mesma influência existe também num grande número de indivíduos que não sabem absolutamente servir-se dela, pois suas boas qualidades são contrabalançadas por certos defeitos, muitas vezes insignificantes, que podem mesmo passar por qualidades aos olhos da maioria; enfim, ela está em estado latente nos demais. Tanto os primeiros como os últimos, se gozam da plenitude de suas faculdades intelectuais e morais, podem sempre desenvolvê-la, aprender a servir-se dela, fazê-la aumentar ainda mais e até mesmo fazê-la crescer sempre.

Essa influência, esse magnetismo pessoal, natural ou adquirido, não depende da aparência exterior. Uma bela estatura, um porte majestoso, um rosto agradável, maneiras distintas, podem contribuir para ela e contribuem de certa maneira. Mas convém não esquecer que não há corpos tão defeituosos, nem rostos tão feios que não possam ser magnéticos.

Se belos pensamentos são expostos numa bela linguagem, tendem a impor-se enormemente; mas a pureza e a nobreza dos pensamentos desempenham aqui o papel principal, e aquele que fala com pouca eloqüência chega sempre a fazer-se ouvir em razão direta da elevação dos seus pensamentos e da convicção com que os exprime.

Encontramos indivíduos muito feios, disformes, que nos são muito simpáticos e que exercem claramente sobre nós uma influência suscetível de nos dispor em seu favor, ao passo que ficamos frios e impassíveis ante certos indivíduos de bela aparência, porém que carecem de expressão e não impressionam o nosso ser interno.

Estes últimos não passam de estátuas belas mas sem calor e sem magnetismo, simples imagens da vida.

Napoleão era pequeno, sem grande instrução, desprovido do prestígio que dão o nascimento e a fortuna, mas possuía naturalmente, em grau que ninguém poderia ultrapassar, nem sequer atingir pela prática e adestramento, o magnetismo pessoal, essa influência, essa força, irmãs mais velhas do gênio, que permitem superar todos os obstáculos, que asseguram o poder, fornecem o meio de sublevar o mundo, de dispor dos impérios e realizar obras gigantescas.

"Que nos lembremos simplesmente — diz um distinto personalista que citarei muitas vezes — de sua marcha triunfal através da França, depois do exílio na ilha de Elba, e a irresistível soberania que na ocasião exerceu sobre a multidão. Camponeses, nobres e burgueses precipitavam-se à sua passagem, atraídos por uma força misteriosa; e, sob o império do encanto, um milhão de peitos humanos soltava o grito formidável, imortalizado pela História: "*Viva o Imperador!*"

Possuído e desenvolvido conscientemente, o magnetismo pessoal constitui o mais precioso e duradouro de todos os bens. Vale mais do que a ciência, pois é a "ciência das ciências", sendo cem vezes preferível à fortuna mais sólida pois que esta, de um dia para o outro, mal dirigida, pode se dispersar.

Pelo magnetismo, o mais modesto pode sempre ter a certeza de se tornar melhor, de preparar vantajosamente o seu futuro e o dos seus, de viver sempre em uma honesta situação, rodeado da consideração de todos, de gozar de boa saúde física e moral, que transmitirá aos seus descendentes; em suma, de possuir a felicidade sob suas mais variadas formas.

Aquele que tem ambições, por maiores que possam ser; que cobiça o amor; que quer a fortuna ou outra qualquer vantagem, pode igualmente ter a certeza de obtê-las, sobretudo se não prejudicam em nada a propriedade alheia.

Com o magnetismo pessoal, tudo é completo, tudo é estável, nada é impossível. Ele é, em tudo e em toda a parte, a causa direta do êxito, o expoente, a expressão do poder. Está ao alcance de todos. Esta obra permite a cada um desenvolvê-lo, se já o possui; adquiri-lo e desenvolvê-lo em seguida, se não o possui senão em estado latente.

Mas os resultados não serão idênticos para todos, pois convém contar com as disposições naturais de cada um. Há indivíduos que compreenderão todos os detalhes do ensinamento, mesmo antes de terem lido completamente esta obra. Estes porão logo o ensinamento em prática e tirarão dele imediatamente as maiores vantagens.

Outros — e destes haverá um número maior — o relerão e compreenderão certas afirmações, cujo sentido lhes ficará velado a princípio; depois porão em prática seus ensinamentos e tirarão deles resultados satisfatórios, no espaço de um a dois meses.

Enfim, alguns menos favorecidos, os que vivem na indolência e temem o esforço, o considerarão acima das suas forças e, sobretudo, dos seus meios de ação. Estes o lerão por curiosidade, a princípio; depois, o estudarão e meditarão sobre seus ensinamentos. Num dado momento, um clarão de esperança lhes aparecerá, e eles compreenderão que, se o quiserem, serão capazes de alguns esforços. Principiarão a experimentá-lo, então, timidamente; com a esperança, virá a coragem pouco a pouco e, assim, chegarão a obter, após um tempo mais ou menos longo, três meses, seis meses talvez, resultados satisfatórios, e a partida estará ganha para eles.

Depois da primeira tentativa feliz, a tarefa irá, cada vez mais, se tornando fácil e já não lhes custará levá-la adiante, vendo duplicar, triplicar e até mesmo decuplicar seus primeiros resultados.

Para terminar este Prefácio, já longo, mas certamente necessário, direi que a obra é dividida em duas partes:

1. Uma parte teórica, que estuda as leis psíquicas, assim como as manifestações do pensamento e da vontade;

2. Uma parte prática, demonstrativa, experimental, que ensina os meios de se tornar senhor de seus pensamentos, de desenvolver e fortificar a vontade e de garantir os meios de ação para alcançar o objetivo de seus desejos.

PARTE TEÓRICA

1

Considerações gerais

DEFINIÇÃO • OBRAS QUE DEVEM SER ESTUDADAS • AS LEIS PSÍQUICAS • COMO ADQUIRIR A INFLUÊNCIA PESSOAL.

DEFINIÇÃO — A expressão *magnetismo pessoal* nos veio dos americanos.

Magnetismo é uma influência natural ou adquirida, que permite ao homem e à mulher atrair para si a consideração, o interesse, a simpatia, a confiança, a amizade e o amor dos seus semelhantes; obter as melhores posições sociais; chegar ao poder e à fortuna, ou, pelo menos, ao bem-estar, que todos desejamos.

Essa influência nos põe, imediatamente, em contato com as energias que nos cercam, com as simpatias que flutuam incertas e indecisas na atmosfera, e nos permite fixá-las em nós, para aumentar a nossa individualidade física e moral.

Dá ao magnetizador o poder de realizar, mesmo à distância, curas extraordinárias e ao hipnotizador o de sugerir o que quiser; é ela que dá a cada um de nós a intuição, essa percepção íntima, feita com os sentidos do espírito, que permite distinguir o que nos é bom e útil do que nos prejudica.

OBRAS QUE DEVEM SE ESTUDADAS — Três obras traduzidas do inglês são particularmente recomendáveis ao estudante para o conhecimento do *magnetismo pessoal.*

Na ordem da importância que eu lhes atribuo, são elas:

A Força do Pensamento, sua ação e seu papel na vida, 1 vol., de William Walker Atkinson*.

Nossas Forças Mentais, meio de utilizá-las, 4 vols., de Prentice Mulford**.

Curso de Magnetismo Pessoal, do autodomínio e do desenvolvimento das aptidões naturais, 1 vol., de V. Turnbull***.

Os dois primeiros autores consideraram o pensamento, convenientemente dirigido pela vontade, como a causa direta da nossa felicidade ou infelicidade.

Os pensamentos dos diversos indivíduos repelem-se, atraem-se e combinam-se, segundo certas leis de afinidade, para formar pensamentos novos.

Para adquirir influência pessoal em elevado grau basta, portanto, alimentar tão-somente pensamentos altruístas, benevolentes e bons, que atraiam os pensamentos da mesma natureza, para formar uma espécie de capital que se emprega, consciente ou inconscientemente, para chegar ao fim desejado.

O último atribui a influência pessoal a uma força mental, que age como ímã ou eletricidade.

Esta força manifesta-se na forma de correntes *mentais,* análogas às correntes elétricas, que vão quase que constantemente de um cérebro a outro (fig. 1); e os mais influentes são os que sabem armazenar em si, numa espécie de *bateria,* a maior soma da força que lhes pertence propriamente e que lhes vem dos outros.

---

* William Walker Atkinson, *A Força do Pensamento,* Editora Pensamento, São Paulo. [Não será mais reeditado.]

** A tradução dessa excelente obra de *Mulford,* que nos deu a Editora Pensamento, é muito mais completa do que a francesa, como já tivemos ocasião de verificar. A razão disso é que a Empresa colecionou e reuniu, na sua edição, maior corpo de doutrina, aumentado, sem dúvida, das últimas considerações e leis que o autor escreveu pouco antes de sua morte. (N. T.)

*** V. Turnbull, *Curso de Magnetismo Pessoal,* Editora Pensamento, São Paulo. [Não será mais reeditado.]

Fig. 1. Correntes mentais de Turnbull.

Ainda que pareça resolver apenas certos aspectos da questão, a teoria das *correntes mentais* merece maior consideração.

A influência do desejo, do pensamento e da vontade era conhecida pelos antigos.

As obras bíblicas estão cheias de exemplos empolgantes desta natureza, que só cumpre separar da crença na intervenção divina para que se mostrem em toda a sua simplicidade.

Preocupando-se com o problema das faculdades da alma, Avicena, Roger Bacon, C. Agripa, Paracelso, Van Helmont e muitos outros analisaram-na em seus escritos.

Mas, para não recomendar aqui senão obras modernas que se possam estudar com interesse, citarei apenas, segundo a importância que lhes atribuo, as seguintes:

O Homem Visível e Invisível, 1 vol., de Leadbeater; *Dogma e Ritual da Alta Magia*, 1 vol., de Éliphas Lévi*; *Tratado Metódico de Ciências Ocultas*, 1 vol., de Papus.

A obra de Leadbeater, especialmente a teosófica, apesar de seu valor, é um tanto abstrata para aqueles que ensaiam os seus primeiros passos num terreno tão complicado como o do estudo dos poderes do homem.

A de Éliphas Lévi, considerada como obra clássica do ocultismo, mereceria o primeiro lugar desta segunda categoria, se as grandes verdades que contém, relativas ao pensamento e à vontade, não fossem veladas pelas fórmulas mágicas, que as tornam incompreensíveis aos não-iniciados na linguagem dos ocultistas.

Enfim, a de Papus contém profundas observações que necessitam igualmente ser desembaraçadas de uma série de fórmulas que considero inúteis.

AS LEIS PSÍQUICAS. No mundo físico, a harmonia resulta da lei dos contrários.

Os efeitos do ímã e da eletricidade constituem o tipo mais aparente da aplicação desta lei: *Os pólos ou fluidos de mesmo nome se repelem; os pólos ou fluidos de nome contrário se atraem.*

Dá-se o mesmo com o magnetismo humano, que não é senão uma propriedade, um movimento da matéria.

As leis psíquicas são inversas; os semelhantes se atraem e os contrários se repelem. Essas leis podem ser formuladas assim:

Os pensamentos e ações da mesma natureza atraem-se e fazem nascer, ou aumentar, a consideração, a simpatia, a confiança e o amor que os indivíduos são suscetíveis de sentir uns pelos outros; os pensamentos e as ações de natureza oposta repelem-se e geram a antipatia, a desconfiança e o ódio.

---

* A edição portuguesa desta importante obra, que nos deu a Editora Pensamento (17ª edição, 1955) é um trabalho excelente. Foi traduzida por Camaysar, que, tendo notícias do hebreu e conhecimento das obras fundamentais de Magia, andou reparando, emendando e corrigindo a obra e o fez com tal engenho e penetração que chegou não só a traduzir, mas a completar e restaurar o Ritual. (N. T.)

Nossos pensamentos podem ser considerados como corpos materiais; e como tais, além das leis físico-psíquicas, estão ainda submetidos a leis químicas análogas às que presidem a composição e decomposição dos corpos que caem sob os nossos sentidos.

Assim, eles se comunicam e se transformam reciprocamente, passando, num movimento contínuo, de um indivíduo a outro, sem que, todavia, tenhamos consciência disso.

Sendo da mesma natureza, sem serem identicamente semelhantes, conservam uma espécie de afinidade entre si, a qual lhes permite combinarem-se para formar pensamentos, idéias e disposições novas.

É o que explica a nossa mudança de opinião, após ouvir passivamente um conferencista ou um amigo simpático tratar de um tema qualquer, que não conhecíamos inteiramente, explicando, igualmente, a mudança de nossas necessidades, desejos e penhores, quando nos relacionamos, constantemente, com um indivíduo ou grupo de indivíduos que pensam e agem de um modo diferente do nosso.

Esta verdade, aceita há bastante tempo, deu origem a este sábio provérbio: *As más companhias corrompem os bons costumes.*

COMO ADQUIRIR A INFLUÊNCIA PESSOAL. Os diferentes autores que trataram da questão não concordaram absolutamente sobre as condições que o homem deve observar para adquirir a influência pessoal, quando não a possui e para aumentá-la, quando a tem em certo grau.

Alguns atribuem essa influência ao regime vegetariano, sem observar que ela pode, algumas vezes, existir em grau elevado em certos intemperantes que abusam do uso da carne.

Atribuem-na outros à castidade, sem terem em conta que ela também se encontra em pessoas que estão muito longe de serem castas.

Pensam outros, ainda, que ela está por toda parte na natureza e que, pela respiração praticada segundo certas regras, se possa colhê-la do ambiente; que se possa mesmo tomá-la da força muscular, convertida em energia psíquica.

Resumindo a questão, digo que todos estão mais ou menos de acordo em admitir que, quando adquirida, ela se manifesta sob a influência do pensamento ou da vontade, e age junto ou separadamente desta, sem que disto tenhamos consciência.

Há, em todas estas teorias, muita verdade, mas nenhuma delas a contém inteiramente.

A higiene alimentar desempenha certamente papel considerável na conservação de nossa saúde física e moral.

O fato de se não desperdiçarem as forças nos deleites sensuais muito freqüentes desempenha igualmente papel importantíssimo.

Por meio de exercícios corporais, inteligentemente executados, as forças físicas desenvolvem-se, concorrendo grandemente para esse desenvolvimento a ginástica respiratória.

Mas tomemos em consideração o seguinte:

Todos nós possuímos, ou estamos dispostos a adquirir, influência pessoal.

Têm-na naturalmente bem desenvolvida os que se impõem e prosperam em tudo.

Em alguns, acha-se ela em estado latente, mais ou menos pronta para ser desenvolvida.

Para efetuar esse desenvolvimento, diríamos que todos os meios físicos ensinados pela higiene são excelentes, com condição de que se procure, ao mesmo tempo, desenvolver regularmente as funções do pensamento e o exercício da vontade até dominá-la completamente.

Saiba que nada se perde, que nada é indiferente na vida e que nossos pensamentos aparentemente mais simples influem sobre nós e sobre os que nos rodeiam, contribuindo, assim, de certa maneira, para a nossa felicidade ou infelicidade.

Os pensamentos que emitimos com persistência, se apegam a nós, atraindo outros da mesma natureza, e formam em redor de nós uma espécie de atmosfera ou *aura* (palavra latina que corresponde ao nosso *sopro, vapor sutil*), mais ou menos densa ou delgada e que constitui algo da nossa personalidade.

Dessa atmosfera irradiam em torno de nós prolongamentos que podem ser comparados (como o foram pelo autor de *Magnetismo Pessoal*) às correntes etétricas ou, melhor, às linhas de força observadas em torno dos ímãs, como o demonstra o *espectro magnético* (figs. 2 e 3).

Assim, se emitimos pensamentos de bondade e benevolência, atraímos, de fora, pensamentos análogos e ganhamos, ao mesmo tempo, a confiança e a simpatia dos que são bons e benevolentes; ao passo que, se

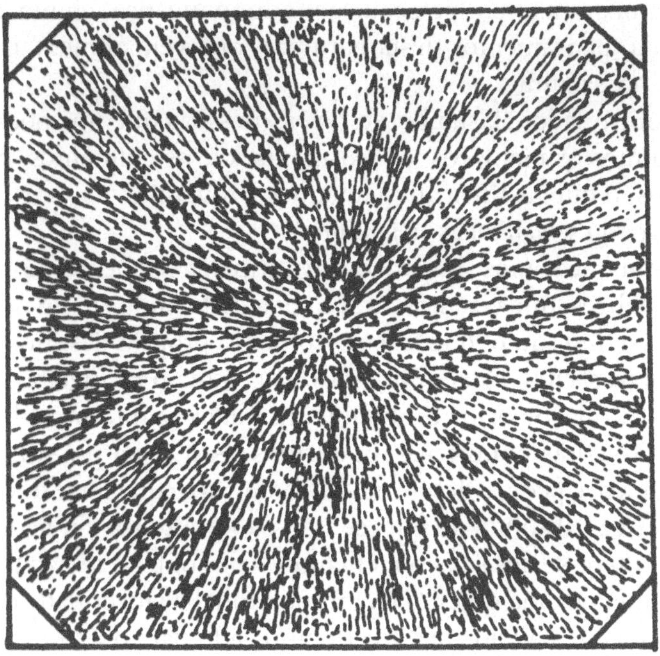

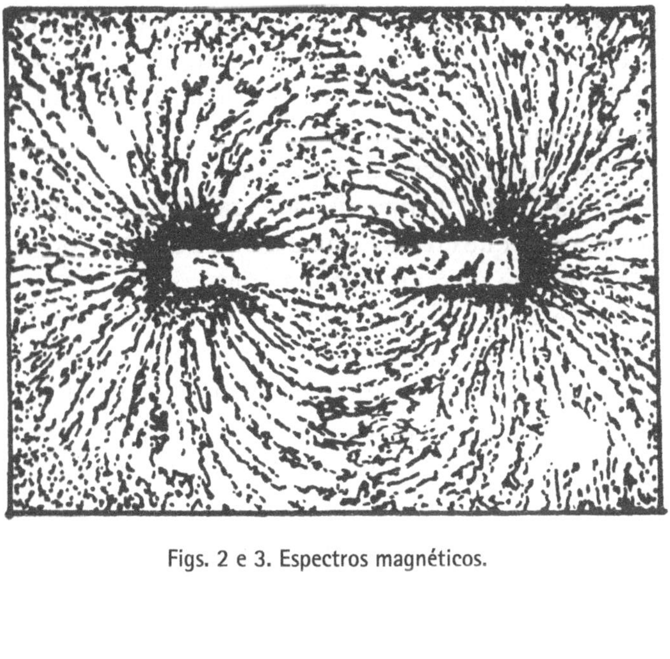

Figs. 2 e 3. Espectros magnéticos.

não pensamos senão em perseguição, ódio, vingança, ciúme, atraímos, sem dúvida, pensamentos desta natureza, que vêm alimentar e mesmo adensar a nossa aura.

Por outro lado, afastando de nós as pessoas que nos poderiam ser úteis, atraímos os maníacos, os atormentados, os ciumentos, os maus e rabugentos, o que justifica amplamente o provérbio:

Os que são semelhantes se juntam.

É assim que somos simpáticos ou antipáticos, que nos tornamos felizes ou infelizes, que fazemos girar a roda da fortuna em nosso favor ou contra nós; em resumo, que fazemos o nosso próprio destino.

Pedi e recebereis, batei e abrir-se-vos-á — diz o Evangelho.

Estas afirmações são absolutamente exatas se interpretadas assim:

Ponha-se nas condições requeridas, isto é, na possibilidade de obter o que você pede, e deseje obtê-lo como algo que lhe é devido, e pode ter a certeza absoluta de que, se isso não prejudica em nada a consideração e interesse dos seus semelhantes, você obterá, se não tudo o que pediu, ao menos uma quantidade proporcional à sinceridade do seu pedido e à soma de vontade que tiver empregado para obtê-lo. A única dificuldade está em querer com energia, persistência e perseverança.

A vontade, sobretudo quando auxiliada pela fé, é a virtude principal; é a força mais considerável que temos à nossa disposição, e é nela que repousa o único fundamento dos milagres e da magia antiga.

Não é uma vontade superior que nos concede o que pedimos, mas poder-se-ia dizer que a coisa almejada estava ali, à certa distância, à disposição daquele que a quisesse tomar.

É o que explica a eficácia real da prece.

Quando esta é verdadeiramente sincera, possui propriedades suficientes para atrair ao que crê uma soma maior ou menor de consolações, de satisfação e mesmo de vantagens materiais.

De fato, parece evidente que, quando um católico ora com fervor a Santo Antônio de Pádua, por exemplo, para achar um objeto perdido, muitas vezes encontra imediatamente esse objeto, quando, segundo todas as probabilidades, não o teria achado senão depois de muito tempo.

A teoria desse fenômeno é bem simples; não é a personagem invocada quem atendeu à prece; mas o fiel, por sua fé, pôs-se nas disposições psíquicas convenientes para atrair para si as influências suscetíveis de guiar suas buscas.

As curas de Lourdes e outras idênticas, tidas por miraculosas, têm a mesma explicação.

Pelo desejo de curar-se pelas emoções da viagem, e sobretudo, pela fé, os peregrinos põem-se nas condições requeridas para atrair as influências, as forças — os espiritualistas diriam os fluidos; os católicos, as graças — e outros agentes suscetíveis de determinar a cura; depois, sob o império da ação física, exercida pela imersão na piscina, produz-se uma reação muito violenta para vencer um mal invencível pelos diversos meios empregados pelo médico.

Acontece o mesmo com a maioria dos efeitos espíritas.

Desdobrado e auxiliado pela força, pelos fluidos dos assistentes, o médium atrai para si, do meio ambiente, todos os elementos que são necessários para a produção dos fenômenos.

Os sentimentos, as qualidades, os defeitos, as paixões, direi mesmo todas as propriedades físicas e morais que possuem ou podem possuir os seres vivos, estão na natureza sob uma forma real, material, quase palpável, e cada qual pode tomar dela o que lhe é assimilável.

Conhecendo as leis que presidem às manifestações desses fenômenos da vida psíquica, cada um pode atrair as boas coisas e repelir as más.

Este poder é universal. Não é exclusivo do homem; mas abarca o instinto e a maneira de ser dos animais.

Descendo os degraus da escala ontológica, observamo-lo em grau muito elevado nas plantas, que possuem propriedades particulares à sua espécie.

É por ele que a beladona suga do meio ambiente a atropina; que a papoula soporífera produz o ópio, que nos dá a morfina, tão cara aos desequilibrados, ou mais ainda, que certas algas marinhas absorvem muito bromo e iodo, ainda que esses corpos sejam encontrados apenas em quantidades infinitesimais na água do mar.

Se cada planta, considerada individualmente, pode, assim, tomar, do meio em que se acha, os princípios que contém, é evidente que esses princípios já se achavam aí e que sua organização lhe permite tomá-los com exclusão dos outros.

Aprendamos, pois, a fazer ao menos o que fazem os vegetais, isto é, tirar da natureza os princípios, os agentes, as forças que nos são necessárias para assegurar a nossa felicidade.

Através de conhecimentos técnicos relativamente pouco extensos, mas, sobretudo, através da cultura, do desenvolvimento e do aumento de nossas faculdades mentais, podemos todos atingi-la em um grau mais ou menos elevado.

É o que tratarei de demonstrar.

Para chegar aí, tomarei por base esta afirmação de Prentice Mulford: *Os pensamentos são coisas.*

Farei pouca teoria, pois atribuo maior importância aos fatos; e, em todos os casos, tomarei os melhores processos de educação em toda parte em que os encontrar.

Aos aflitos se repete sempre: *Não pensem nos seus males; se estão tristes, pensem na alegria.*

Mas não se lhes diz nada acerca do que devem fazer para conseguir isso.

Eu direi.

Explicarei como se podem substituir os pensamentos sombrios, de desespero e prejudiciais, que deprimem, por pensamentos risonhos e alegres, portadores da esperança vivificante, da coragem e da força, que permitem vencer os obstáculos opostos ao êxito e à felicidade de cada um.

Tenha a certeza absoluta de que este estudo lhe servirá para melhorar consideravelmente a sua situação; mas saiba também que, para que o poder pessoal atinja um grau muito elevado, é indispensável uma boa inteligência natural, guiada por um raciocínio lógico e sadio, muito discernimento, tato e bom senso; a bondade, a discrição, e, acima de tudo, uma vontade inquebrantável são indispensáveis.

Algumas palavras ainda para terminar estas *considerações.*

Convença-se de que o *pensamento,* mesmo sem o auxílio da vontade, modifica tudo que nos rodeia; que dá às coisas qualidades novas que se ajuntam às que já possuem como próprias; que, com o auxílio da vontade, ele cria realmente, não imagens, mas agentes, forças, e mesmo corpos que possuem propriedades físicas e químicas, corpos materiais, corpos que agem, movem-se e são suscetíveis de comunicar o tom de seus movimentos, assim como suas qualidades próprias aos seres e coisas colocados na esfera de sua ação.

Se os pensamentos e os diferentes estados da alma existem realmente, do ponto de vista material, podem ser fotografados.

De fato, este registro fotográfico é não somente possível, mas também certo.

O Dr. Baraduc e o comandante Darget conseguiram bater fotografias notáveis*.

* Dr. Baraduc, *L'Ame Humaine, ses Mouvements, ses Lumières e l'Iconographie de l'Invisible Fluidique*, 1896; *Les Vibrations de Vitalité Humaine*, 1904.

2

Constituição da matéria

COMO A MATÉRIA É CONSTITUÍDA • OS PLANOS DA NATUREZA • OS CORPOS DO HOMEM – OS CORPOS NOS REINOS DO PLANO FÍSICO • NOSSA IMORTALIDADE

Para fazer bem compreender como os pensamentos podem ser considerados como coisas, isto é, como objetos materiais, sou obrigado a entrar em certas considerações relativas à constituição da matéria, aos planos da natureza e aos diferentes corpos do homem.

COMO A MATÉRIA É CONSTITUÍDA — A matéria é formada de partículas infinitamente pequenas, indestrutíveis, que se chamam *átomos* (de duas palavras gregas: *a*, privativa, e *tomè*, cortar — querendo significar que a coisa *não pode mais ser cortada, dividida*).

Os átomos orientam-se e agrupam-se em número mais ou menos considerável para formarem moléculas que se mantêm unidas umas às outras, pela força de coesão.

Os átomos e as moléculas não se ajustam uns sobre os outros como cubos do mesmo volume; mas separam-se uns dos outros por espaços relativamente enormes, nos quais circula livremente um fluido, o *éter*, que, por sua vez, não é mais que a matéria em um estado mais sutil.

Livres nos espaços que ocupam, os átomos possuem movimento próprio, movimento vibratório extremamente rápido, que é constantemente modificado pelos movimentos diferentes que lhes chegam de fora.

Se o átomo, que podemos chamar *átomo químico*, representa a matéria em seu último grau de divisibilidade pelos meios de que dispomos, tudo indica que ele não é um átomo no sentido etimológico da palavra, mas que é realmente divisível por meios mais poderosos.

Químicos mais ousados, entre os quais citarei Jollivet Castelot, autor da obra *A Vida e a Alma da Matéria*, afirmam que o átomo é formado pela aglomeração de partículas de éter que, por seu número, agrupamento, orientação e modo de movimento, constituem os átomos dos diferentes corpos com as propriedades físicas e químicas, que conhecemos em cada um deles.

O éter seria, assim, considerado como o verdadeiro átomo, o *átomo princípio*, o protoplasma da matéria sólida, líquida ou gasosa, que cai sob nossos sentidos.

Presentemente, procura-se unificar tudo. Se os físicos já estabeleceram e demonstraram a unidade das forças físicas, os químicos que pensam como Jollivet Castelot procuram demonstrar a unidade da matéria.

Os ocultistas e teósofos consideram o *éter* como um quarto estado da matéria que vem juntar-se aos três estados: *sólido, líquido* e *gasoso,* que todos conhecemos.

Estes últimos admitem mesmo que há, na natureza, quatro estados etéricos, que diferem tanto um do outro, quanto o sólido difere do líquido e este do gasoso.

Pensam eles também que a matéria, tal como a podemos conhecer nesses sete estados, é divisível ao infinito.

Em sua excelente obra sobre *O Homem Visível e Invisível*, Leadbeater assim se exprime a esse respeito:

"... O que denominamos um átomo de oxigênio ou de hidrogênio não é absolutamente o grau último e, de fato, não é de nenhum modo um átomo, mas uma molécula, que, sob certas condições, pode ser partida em átomos.

"Repetindo este processo de separação, chegamos, eventualmente, a um número infinito de átomos físicos definidos, que são todos semelhantes; há, pois, uma substância na base de todas as substâncias e combinações diversas desses átomos últimos, que nos dão o que a química denomina átomo de oxigênio ou hidrogênio, ouro ou prata, lítio ou platina, etc.

"Estes átomos, todavia, não são átomos últimos senão do ponto de vista de nosso plano físico, isto é, existem métodos pelos quais podem ser subdivididos; mas, quando são quebrados assim, produzem uma matéria pertencente a uma região diferente da natureza... matéria que não é mais expansiva ou contrátil, seja qual for o grau de calor a que a submetamos.

"Esta matéria sutil também não é simples, mas complexa; e verificamos que, por sua vez, ela existe numa série de estados próprios, que correspondem aproximadamente aos estados da matéria física que chamamos sólidos, líquidos, gases ou éteres. Continuando, mais adiante, o nosso processo de subdivisão, chegamos a um outro átomo... o átomo desta região da natureza que os ocultistas chamaram o Mundo Astral*.

---

*Para se ver que a moderna teoria dos íons e elétrons nada mais representa que a conclusão dos hindus a respeito dos átomos e que estes já conheciam há séculos, o que, para os sábios de hoje, constitui uma novidade ou antes um descobrimento, damos abaixo um trecho do excelente tratado intitulado *Filosofias e Religiões da Índia*, pelo Yogue Ramacháraca:

"Estas combinações do último Átomo são meramente temporárias e estão sujeitas a mudança, destruição e alteração no que diz respeito às suas combinações; mas os Átomos individuais, em sua natureza, não podem, sem dúvida, ser destruídos nem alterados. O estudante de filosofia deve ver nos ensinos do *Valshenika*, as Idéias fundamentais que foram, depois, postuladas por Demócrito, filósofo grego considerado o pai da teoria atômica, e que agora são desenvolvidas e sustentadas pelos cientistas mais adiantados do Ocidente. Até mesmo a destruição da primeira Teoria Atômica do Oeste e sua substituição pela Teoria Corpuscular, está de acordo com os ensinos de Kanada, nas quais ele sustenta que os últimos Átomos são invisíveis e sem dimensão, enquanto se tornam visíveis e adquirem dimensão, quando combinados — sendo o *Último Átomo* de Kanada idêntico ao Corpúsculo, Íon ou Elétron dos cientistas modernos do século XX, em suas últimas conclusões e teorias".

Swami Abhedananda, no seu livro intitulado *A Índia e seu Povo*, diz:

"Conforme Kanada, as quatro primeiras substâncias como agregadas são não eternas, mas sim constituídas de diminutos e invisíveis átomos (anus) que são eternos. Eles existem como matéria orgânica, e são como instrumentos de percepções sensitivas.

"Kanada descreve os átomos (anus) como partículas indivisíveis de matéria que não possuem dimensões visíveis. Neste ponto, ele está mais de acordo com os cientistas europeus modernos, do que com os filósofos gregos, que atribuíram aos átomos dimensões visíveis. Este primeiro agregado de átomos é de dois anus. Chama-se Dyanu, ou molécula, que é ainda invisível. O agregado de três moléculas ou átomos duplos formam um trasarenu, que tem

"O processo pode ser ainda repetido; pois, subdividindo este átomo astral, nós nos achamos em presença de um outro mundo mais elevado e sutil, embora sempre material. Uma vez mais achamos a matéria existindo em condições bem definidas e em estados diferentes que correspondem a este nível elevadíssimo.

"O resultado final é que nossas investigações nos levam, uma vez mais, a um átomo... o átomo desta terceira grande região da natureza que a Teosofia chama o Mundo mental.

"Tanto quanto podemos alcançar, achamos que não há limite real a não ser para as nossas capacidades de observação.

"Todavia, estamos certos da existência de um número considerável de regiões que formam as partes de um todo prodigioso."

OS PLANOS DA NATUREZA — Os próprios teósofos designam estas regiões sob o nome de *mundos* ou *planos*.

Em realidade, porém, o fato é outro.

"... Não é conveniente imaginar — continua Leadbeater — que eles se superpõem como as estantes de uma biblioteca, mas antes que preenchem todos o mesmo espaço, interpenetrando-se uns nos outros.

"É ponto pacífico na ciência que, mesmo nas substâncias mais densas, jamais dois átomos se tocam.

"Cada átomo tem sempre o seu campo de ação e de vibração e cada molécula, por sua vez, possui um campo ainda maior.

"De maneira que há sempre espaço entre esses átomos ou essas moléculas e isso em todas as circunstâncias possíveis; cada átomo físico é

---

dimensão visível. Estes agregados de átomos compostos são destrutíveis, enquanto os átomos são, por sua natureza, indestrutíveis. Quão notável é ver que a concepção de átomos e moléculas se levantou, na Índia, centenas de séculos antes do tempo de Empédocles e Demócrito!

"E a mais recente teoria atômica da ciência européia não superou, de modo nenhum, a da antiga Índia."

Portanto, fica provado que a palavra *átomo* (ou anus) empregada por Kanada e outros antigos filósofos da Índia, corresponde ao Íon ou Elétron dos modernos cientistas europeus. Mantém, além disso, o sistema Valshenika que esses átomos não foram criados por Deus, mas são coeternos a Ele. E, todavia, o poder que combina os dois átomos e faz agregações de átomos provém de Deus, que é pessoal, e possui conhecimento, desejo e vontade, e é o Único Senhor e Governador de todos os fenômenos. (N. T.)

banhado em um mar astral... um mar de matéria astral que o cerca e preenche todos os interstícios desta matéria física.

"Está universalmente aceito que o éter interpenetra todas as substâncias conhecidas, tanto o sólido mais denso como o gás mais rarefeito.

"E assim como ele se move com toda a liberdade entre as partículas da matéria mais densa, também a matéria astral o interpenetra, por sua vez, e se move livremente entre as suas partículas.

"A matéria mental, por seu turno, interpenetra a astral nas mesmas condições.

"Essas diferentes regiões da natureza não estão, pois, em caso algum, separadas no espaço, mas existem em redor e perto de nós, de tal forma que, para vê-las ou estudá-las, não precisamos, absolutamente, deslocar-nos no espaço; basta-nos despertar nossos sentidos para percebê-las."

Para explicar como muitas formas da matéria, considerada segundo seu grau de divisão ou de tenuidade, podem ocupar o mesmo espaço, vou fazer uma comparação, que tornará muito compreensível este fenômeno.

Suponhamos uma cavidade qualquer cheia de pedras. Estas pedras representariam a matéria em seus diferentes estados, mas não ocupam todo o espaço que lhes é reservado.

Há, entre elas, interstícios que podem ser cobertos de areia. Esta areia representaria a matéria astral penetrando a matéria física.

Os grãos de areia deixam entre si interstícios, que podem ser ocupados pela água. Esta água representaria a matéria mental penetrando a matéria astral.

A água deixa ainda, entre suas moléculas, espaços que podem ser ocupados pelo gás, o que faz compreender que a matéria mental pode, por sua vez, ser penetrada por uma outra matéria ainda mais sutil.

OS CORPOS DO HOMEM — É evidente que o homem não é unicamente constituído pelo corpo, que percebemos diretamente pelos sentidos.

A religião cristã, como aliás as grandes religiões que partilham a crença dos homens, afirma que somos compostos de dois corpos: um material que vemos, outro imaterial ou espiritual que escapa ao campo de nossa visão.

Os teósofos da Índia atingiram, há milhares de anos, no domínio dos poderes psíquicos, alturas que estamos muito longe de tocar.

Eles afirmam que o homem pode chegar ao que podemos chamar a *perfeição;* e que, atingindo-a, possui ou possuiu sete corpos, que correspondem aos diferentes planos da natureza que ele galgou sucessivamente.

Para não perturbarmos nossa imaginação com o pensamento de semelhante estudo, que não seríamos, certamente, capazes de fazer, fiquemos com os ocultistas e teósofos ocidentais.

Estes admitem a existência de três corpos, que, no homem evoluído pela inteligência tal como a compreendemos, constituem seus veículos, isto é, seus meios de locomoção em cada um dos planos correspondentes à matéria de que são formados.

Ao *corpo físico,* evidentemente formado da matéria que conhecemos, pertencem funções como a digestão, a assimilação, a locomoção e diversos fenômenos que os menos inteligentes dentre nós podem verificar, pois são diretamente perceptíveis: são os *fenômenos fisiológicos.*

Os outros dois corpos, mais sutis, vão encarregar-se das funções que os filósofos consideram como faculdades da alma.

O *corpo astral é* o "perispírito" dos espíritas, a alma sensitiva dos antigos filósofos.

Composto com matéria do plano astral, serve ele, de certo modo, de meio de união entre o corpo físico e o corpo mental.

É nele que se produzem a imaginação, a sensibilidade, a dor, as emoções, os desejos, as paixões e os gozos de grau pouco elevado.

Nos animais, ele é a sede dos instintos. É por intermédio dele que se produzem os fenômenos, por muito tempo contestados, da telepatia, aparições e visões que temos no sonho.

Quando dormimos, não vivemos senão pelo corpo astral, que se move com toda a liberdade nesse plano.

O *corpo mental,* formado da matéria deste plano, é a sede da inteligência, do pensamento e da vontade. É o eu *pensante,* a alma dos filósofos (*anima*, dos latinos; *psique*, dos gregos), no qual se produzem todos os fenômenos da consciência.

O juízo, o raciocínio, as resoluções, as deliberações, fazem parte de seu domínio. No estado de desenvolvimento que podemos apreciar é o princípio superior que governa todas as nossas funções e preside a todas as nossas ações.

Os corpos astral e mental possuem sentidos correspondentes aos que nos põem em comunicação direta com os agentes físicos, com a diferença que aqueles são consideravelmente mais poderosos.

Esses corpos representam três organismos distintos, que estão ajustados uns sobre aos outros de forma tal que uma impressão percebida por um é imediatamente transmitida aos outros.

Poder-se-ia comparar esta transmissão com a seguinte: — tirando-se vigorosamente um som de uma harpa, os instrumentos semelhantes, colocados na sua vizinhança, repetem a nota vibrada pela harpa, se estiverem afinados no mesmo tom dela.

O físico, o astral e o mental representam aqui oitavas cada vez mais elevadas, de tal forma que o conjunto das notas, que podem ser dadas pelo físico, forma uma oitava qualquer. O mesmo conjunto de notas constitui, no astral, uma oitava superior, e no mental, uma oitava ainda mais elevada.

O ser físico é dirigido pelo astral e pelo mental. Em princípio, ele é submetido ao astral durante o sono e ao mental durante a vigília.

Porém, como o governo desta última parte de nossa existência é mais complicado e mais difícil que o da primeira, o mental tem necessidade de associar-se ao astral, para auxiliá-lo de algum modo.

Chegamos, muitas vezes, a notar que há em nós dois indivíduos que comandam, dois chefes que não têm a mesma autoridade, que não pensam da mesma forma, que não estão sempre de acordo, que discutem, lutam mesmo, algumas vezes, um contra o outro; e, finalmente, que é o mais forte quem decide. Esses dois chefes são como o diretor e o vice-diretor de um grande estabelecimento. São eles, precisamente, o ser mental e o ser astral, cujas aptidões estão longe de ser as mesmas.

Quando praticamos um ato que a nossa razão reprova, como, por exemplo, o de satisfazer uma paixão qualquer, percebemos perfeitamente esta dualidade interior.

A necessidade desta satisfação nasce no astral que a deseja; e a mental, apesar do raciocínio que lhe opõe, é impotente para impedir sua realização.

Os loucos, obcecados e todos os que obedecem aos impulsos mais ou menos irresistíveis, são quase que exclusivamente governados pelo astral, pois o mental, que reina soberanamente nos homens fortes e se-

Fig. 4. O carro atrelado.

nhores de suas ações, perde, nos primeiros, sua autoridade, de modo mais ou menos completo.

Esses dois indivíduos são, agora, bem conhecidos em psicologia, ao menos por sua funções.

O ser mental constitui o ser ativo, no qual reside a *consciência*, o *eu pensante*; o astral é o ser passivo, o subjetivo, que é a sede da *consciência inferior*, da *subconsciência*, do *eu inferior*.

É sobre este último que a sugestão, estimada pelos hipnotizadores, exerce seu império.

Em seu *Tratado Metódico de Ciências Ocultas*, Papus emprega um simbolismo muito simples para ilustrar o papel de cada um dos três elementos que compõem o ser humano.

Representa-o por um carro jungido ao cavalo.

O carro, inerte por si mesmo, representa o corpo físico; o cavalo que o arrasta é a imagem do astral, e o cocheiro que dirige o cavalo representa a alma, isto é, o mental.

O cavalo (o astral) marchando regularmente sob a direção do cocheiro (o mental) puxa o carro (o corpo físico).

A regularidade da marcha (fig. 4), representa as manifestações ordinárias de nossa vida sensata.

O astral é a sede das paixões, e quando estas acordam, o mental é, muitas vezes, impotente para as conter.

Este estado é representado pelo cavalo que se desboca, arrastando, em sua desordenada carreira, o carro e o cocheiro, que não pode controlá-lo (fig. 5).

Fig. 5. O cavalo se desboca.

Durante o sono, o carro está quase abandonado, pois o cavalo, que é desjungido, não está sob o domínio do cocheiro (fig. 6).

Neste estado de liberdade aparente, uma outra vontade, que não a do cocheiro, pode apoderar-se do cavalo e dirigi-lo.

É o que se passa na sugestão. Aproxima-se o homem da morte. O cocheiro dorme em seu assento.

Desjungido o cavalo, não está mais em relação com o carro, senão pelas rédeas que se alongam e ameaçam romper-se (fig. 7).

O cavalo liberta-se; depois o cocheiro prende-o novamente, monta-o e leva-o a outro plano, abandonando a carruagem que se fez imprestável (fig. 8). *É a morte.*

O astral é geralmente invisível para nós, em nosso estado normal.

Todavia, na obscuridade, certas pessoas impressionáveis, nas experiências de exteriorização, levadas até o desdobramento, podem distinguir uma forma mais ou menos nítida, flutuante, vaporosa, que se desloca em torno do paciente, que pode afastar-se bastante, conservan-

Fig. 6. O sono.

Fig. 7. À aproximação da morte.

do-se, contudo, ligada a ele por um cordão de matéria astral, igualmente vaporosa, partindo da região umbilical.

Apesar de sua sutileza, pode o astral, algumas vezes, ser fotografado.

O coronel de Rochas, fotografando um sensitivo exteriorizado, obteve uma forma rudimentar.

Um ponto muito brilhante impressionou a chapa; procurando o ponto correspondente no corpo do paciente, observou que correspondia a um ponto histerogênico cuja existência o experimentador e o paciente estavam longe de supor.

Fig. 8. O carro despedaçado é a morte física.

Eu mesmo tenho obtido provas notáveis.

Além do deslocamento experimental, obtiveram-se fotografias muito nítidas.

OS CORPOS NOS REINOS DO PLANO FÍSICO — Certos sábios ousados, pensando como os teósofos e ocultistas, afirmam que a vida está por toda parte na natureza; em outros termos, que a matéria, geralmente considerada como inanimada, vive realmente.

Experiências metódicas, feitas em Nápoles há uns quinze anos pelo Professor Von Schrön, parecem comprovar essa afirmação.

No seu livro intitulado *A Vida e a Alma da Matéria*, Jollivet Castelot apóia esta idéia por observações e notas mui judiciosas.

Por outro lado, o estudo profundo do magnetismo mostra-nos que o agente magnético está em todos os corpos, mesmo nos considerados corpos brutos, e que em toda parte obedece às mesmas leis.

Se os corpos brutos apresentam sinais de animação, possuem sem dúvida um corpo astral rudimentar, unido a seu corpo puramente físico.

Nas plantas o astral seria mais desenvolvido; os animais, além do corpo astral quase inteiramente desenvolvido, teriam um corpo mental em estado rudimentar.

Os teósofos não consideram essas afirmações meras hipóteses, mas verdades.

Em uma figura esquemática, facilmente compreensível, Leadbeater faz de certa forma a exposição palpável do desenvolvimento de cada um dos corpos de um indivíduo de *evolução mediana* pertencente a cada reino do plano físico.

A figura 9, reduzida e simplificada, segundo a de Leadbeater, basta para as necessidades desta demonstração.

O mineral é representado por um retângulo pouco elevado, colocado na parte inferior do plano físico.

Este retângulo termina em um triângulo, cujo cimo penetra na parte inferior do plano astral. É o indício dos primeiros desejos do mineral e uma como que primeira manifestação de sua consciência.

As palavras *desejo* e *consciência,* aplicadas às propriedades dos minerais, não são, certamente, descabidas apesar das aparências, pois podem ser consideradas como sinônimos de *afinidade;* poder-se-ia mesmo dizer que, em circunstâncias determinadas, mostram *simpatia* ou *antipatia* uns pelos outros.

Expostos a certos contatos, os corpos compostos se decompõem para formar outros.

Um de seus elementos constitutivos abandona aqueles com os quais se combinou, liberta-se e combina-se com outros.

Estas ações são, às vezes, tão rápidas, tão violentas, tão repentinas, que se poderiam dizer instantâneas.

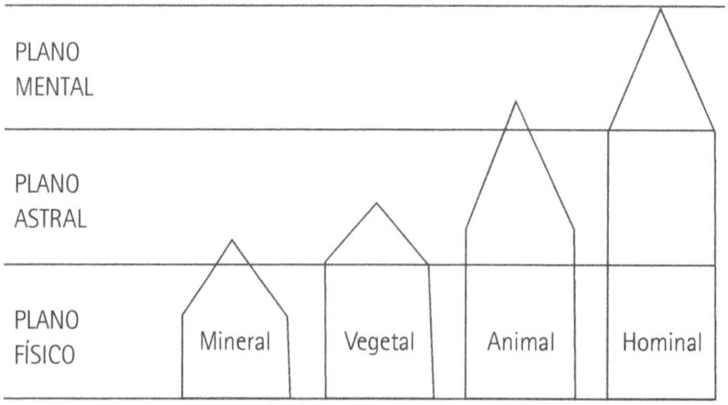

Fig. 9. Os planos da Natureza.

Eis alguns exemplos:

Se se junta limalha de zinco ao ácido clorídrico — que é uma combinação de cloro e hidrogênio — o cloro abandona o hidrogênio, que se liberta, e combina-se com o zinco para formarem ambos o cloreto de zinco.

Este processo constitui um dos métodos mais práticos para o fabrico do hidrogênio.

Lançando-se na água, composta de oxigênio e hidrogênio, um fragmento de sódio, verifica-se que o oxigênio prefere este metal ao hidrogênio, pois este é rapidamente posto em liberdade, enquanto o primeiro se combina com o metal e com este forma um óxido hidratado de sódio.

Se se observam atrações violentas, notam-se também repulsões insuperáveis.

Assim, certos corpos não se combinam nunca entre si, quaisquer que sejam os meios que se possam empregar para isso.

Não se obtém acetato de enxofre, porque ainda não se conseguiu combinar este metalóide com o ácido acético.

A preferência, a atração e a repulsão, poder-se-ia mesmo dizer, a simpatia e a antipatia, o amor e o ódio que os indivíduos do reino mineral têm uns para com os outros, constituem claras manifestações de uma espécie de desejo e um como primeiro rudimento de inteligência.

As coisas e os objetos que nos parecem inertes, seriam, pois, realmente animados e poderiam considerar-se como os primeiros anéis da cadeia evolutiva dos seres que partiriam, assim, do nível da matéria, para se elevarem às regiões mais altas do pensamento, passando, sucessivamente, pelo reino vegetal, animal, humano e outros ainda, pois o homem, tal como o compreendemos, não é, certamente, o ser em que a marcha para a perfeição deve se deter.

A planta ocupa completamente o plano físico, e o triângulo superior, que representa seus desejos, suas aspirações, tem, no plano astral, um lugar sensivelmente maior que o mineral.

O animal é completamente formado na parte inferior do plano astral, e o triângulo, muito elevado, penetra no plano mental. Seu corpo astral é quase tão desenvolvido como o do homem, e o seu mental começa a desenvolver-se.

O homem é completamente desenvolvido na parte inferior do plano mental e o triângulo atinge a parte superior desse plano.

Pode-se supor que, continuando a elevar-se, pode penetrar no plano superior e tomar, paulatinamente, um quarto corpo, composto de matéria mais sutil que a que conhecemos, corpo por meio do qual adquiriria novas qualidades, um aumento de suas faculdades atuais e, muito provavelmente, faculdades novas.

Agora, tanto para não abandonar demasiado a linguagem corrente, como para simplificar as descrições que tenho a fazer, considerarei, geralmente, como mais ou menos sinônimas as expressões *faculdades de espírito, faculdades psíquicas, mentais, morais, intelectuais* e outras análogas, para designar as qualidades ou faculdades que pertencem à vida astral e mental.

NOSSA IMORTALIDADE — Pensei, a princípio, não tocar nesta questão que aterroriza a maioria dos filósofos que ensinam ou admitem as enganosas teorias materialistas; mas, sendo a sobrevivência no além-túmulo por toda parte discutida, não fora este livro completo sem uma afirmação original.

É por isso que, retrocedendo à minha intenção, direi algumas palavras a respeito.

Nossa vida atual é apenas um elo da imortalidade, e a *morte,* como a concebemos geralmente, unicamente uma mudança de estado.

A morte é o fim da vida física, mas não o da alma, pois esta é indestrutível.

O corpo que morre é a vestimenta da alma. Em uma morte violenta causada por acidente, por exemplo, o corpo é bruscamente dilacerado, ao passo que, quando chegamos ao último grau da decrepitude, fica enfraquecido e não pode mais servir.

O que se considera geralmente como nossa existência atual é a continuação de existências anteriores que continuarão e deverão continuar sempre, em condições tanto melhores quanto mais fizermos para obtê-las.

Podemos, pois, dizer como Lamartine:

A vida é um degrau da escada dos mundos,
Que devemos subir para chegar algures.

*O espírito move a matéria**, é uma afirmação quase tão antiga quanto o mundo civilizado.

Evoluímos. Esta evolução faz-se em nossa passagem através da matéria física e nossa origem remonta aos tempos geológicos primitivos, à época em que a matéria se firmou nos três estados: sólido, líquido e gasoso, que todos conhecemos.

Postos, então, nos primeiros graus da interminável escala ontológica, lentamente fomo-nos elevando através dos diversos indivíduos do reino vegetal, do reino mineral, até o nosso presente estado de desenvolvimento.

O que se chama o acaso de nascimento, que parece dar o prestígio, a fortuna, a felicidade, não existe, porque a natureza soberanamente justa, não o seria, se houvesse preferências para alguns.

Por leis de atração e afinidade, desconhecidas em sua essência, mas fácil de se determinarem em linhas gerais, renascemos em condições análogas às que tínhamos precedentemente; e, uma vez mais, suportamos as conseqüências de nossas faltas, como gozamos dos benefícios dos progressos que soubemos realizar.

De ínfimos, maus ou infelizes que éramos, elevamo-nos, tornando-nos melhores; e todos, ao cabo de um tempo mais ou menos longo, devemos chegar à felicidade.

Mas a esta, como a outra qualquer condição, não chegaremos todos ao mesmo tempo.

Chegarão, primeiro, à felicidade, aqueles que dela se tornarem mais dignos.

Nenhum de nossos pensamentos, nenhuma de nossas ações se perde.

Se agimos mal, somos afetados de um modo doloroso ou desagradável, ao passo que, se agimos honestamente, somos afetados de modo agradável.

No primeiro caso, ficamos quase estacionários; no segundo, nos elevamos.

Não trabalhamos apenas para sermos felizes numa outra vida, consoante nos afirma a moral religiosa; mas tiramos grandes proveitos desta, porque quase sempre recebemos, num prazo mais ou menos curto, a maior parte do que se chama punição ou recompensa de nossas ações.

---

*Tradução da velha sentença: *Mens agitat molem*. (N. T.)

Para se conduzir neste labirinto da vida, cheio de escolhos e obstáculos, e atingir mais depressa a meta, a maioria dentre nós tem necessidade de um guia.

Aqueles que conhecem o caminho melhor que os outros, podem servir-lhes de guia, naturalmente.

Espero contribuir para isso, em larga medida, pondo este livro nas mãos dos que, caídos no charco do infortúnio, retardam seus passos para o futuro.

3

O homem magnético e o não-magnético

O homem robusto, alegre, bem equilibrado e consciente de sua força e do papel importante que representa na sociedade, não se parece em nada com o pobre lipemaníaco, constantemente preso da mais sombria tristeza e temendo sempre desgraças que jamais lhe sucederão.

É que nosso estado físico e nosso estado moral são solidários e que, se um for seriamente afetado, o outro sofrerá sempre desta ou daquela maneira.

A força silenciosa do pensamento, agindo constantemente no mesmo sentido, modela nosso corpo, burila nossos traços, dirige nossas maneiras, dá energia aos nossos gestos e regula nossa marcha.

Imprimindo em todo o nosso ser físico uma série de movimentos correspondentes aos de nosso estado mental, ela nos torna agradáveis, atrativos, simpáticos ou desagradáveis, repulsivos e antipáticos; e as marcas dessas qualidades e desses defeitos mostram-se constantemente em nossa fisionomia, em nossas maneiras, em nosso porte, em nosso andar, na medida em que essas qualidades mesmas são sentidas, pois elas são diretamente percebidas por um sentido do espírito, cuja existência apenas conjeturamos.

Se assim é, pode-se pois definir de antemão o tipo do homem atrativo, cuja personalidade magnética é desenvolvida a um certo grau, e Turnbull traça-nos assim, em seu *Curso de Magnetismo Pessoal,* os sinais característicos de cada um; vejamos, em primeiro lugar, o homem magnético:

"*O HOMEM MAGNÉTICO* — Quando você se encontra em companhia do homem conscientemente magnético, a primeira impressão que *ele lhe causa* é o de estar em repouso: não é nervoso, não se agita. Você experimenta, em seguida, o sentimento de que ele tem em si uma força em reserva, uma força cuja localização você não pode determinar.

"Esta não se acha precisamente em seu olhar, nem em suas maneiras, nem em seu falar, nem em suas ações; e, contudo, está ali, existe e parece fazer parte dele.

"Eis exatamente o fato: *é uma parte dele* e, alguns minutos antes, por mais singular que isto lhe pareça, era, em dimensão menor, uma *parte de você mesmo.*

"Um pouco desta força de atração que ele mostra e de que você é consciente passou de você para ele, sem que disso você desse fé...

"Examinemos o homem de perto a fim de conhecer o segredo da facinação que ele exerce sobre você.

"Observe primeiro o olhar dele. Seus olhos dominam você, ainda que ele não o olhe fixamente.

"Ele não o fita nos olhos, nem no olho esquerdo mais do que no direito: olha exatamente entre os olhos, na raiz do nariz. O olhar dele parece penetrá-lo intencionalmente — um olhar fixo e penetrante, em que não há nada de desagradável.

"Você sente que ele não é impertinente, nem pode sê-lo.

"Você nota igualmente que ele não o olha quando você fala, mas espera a sua comunicação, e lhe manda depois a sua mensagem.

"Quando ele fala, olha para você de modo determinado, dominador, porém brando e benevolente, não se mostrando orgulhoso...

"Ele escuta com cortesia, mas transmite-lhe a impressão de uma vontade inflexível e nele você percebe uma força interior, um centro de força e poder. É ele o homem que deve ser obedecido; em uma palavra, a impressão que ele lhe deixa é a de alguém que *sabe exatamente o que quer e que não se impacienta, pois está certo de obtê-lo.* Eis por que é tão calmo, tão seguro de si! O saber é uma força e ele sabe que seu estado depende das leis de causa e efeito.

"Analisemos o que ele diz. Ensinou-lhe ele alguma coisa? Pouquíssimo e nada que possa ser considerado coisa vã e pretensiosa: o que ele dá não é geralmente importante, ainda que você o julgue, enquanto o escuta.

"Não é precipitado. Antes lhe faz sentir que, se o quisesse, poderia dizer muito mais.

"Assim, pois, incita a sua curiosidade... porém, não lhe prepara uma armadilha para fazer-se admirar.

"Quando este homem atraiu a si a popularidade, a influência, o êxito, aceitou esses dons, considerou-os como lhe sendo devidos... e continuou em seu caminho...

"Adquiriu a riqueza da mesma forma que adquiriu a popularidade, pela dominação. Dominou pelo magnetismo: atraiu as pessoas para si...

"Qual foi a impressão que este homem lhe causou?

"— Esta: você deseja conhecê-lo melhor, porque sentiu que ele lhe é simpático, de um modo misterioso, que você não pode definir.

"Ele o possui, segundo a expressão corrente, e você não pode subtrair-se à influência dele, mesmo depois que você se separou dele.

"Ele se serve da sua força. Se quiser observar bem o que se passa entre você e ele, verá que *você* é que fez alarde dos conhecimentos dele; que *você é* que procurou ser agradável; em resumo, *você* deu e ele recebeu.

"Sim, foi isso precisamente.

"Se ele quisesse que fosse de outra maneira, ele, forte e consciente de seu saber, e você, fraco e ignorante, teria sido obrigado a receber tudo o que quisera lhe dar em forma de impulsões, ordens e idéias...

"Mas ele não quis; contentou-se simplesmente em causar-lhe uma boa impressão... E afastou-se, depois de lhe ter tomado um pouco de magnetismo, assim como voa a abelha, depois de haver sugado o mel da flor..."

O HOMEM NÃO-MAGNÉTICO — Depois de haver assim descrito o caráter do homem magnético, que vai de êxito em êxito, o mesmo autor descreveu o do homem não-magnético, que personifica o fracasso, após o que, ele os compara.

"O homem não-magnético o irrita — diz ele. — Se você é intratável, aumenta a sua aspereza e mau humor; se você tem disposições doentias, ele enegrece ainda mais os seus horizontes; se você se sente infeliz, a presença dele parece pesar.

"Sim, ele é um peso e você tem de suportá-lo. Ele pede a sua simpatia; diz que ninguém o compreende; queixa-se de sua sorte, do tempo, de uma pessoa qualquer. É um descontente, um falador.

"Ele lhe comunica os seus segredos; quer que você tome parte em seus desgostos.

"É um impulsivo sem discrição, carecendo de calma, bom senso, medida e interesse.

"Você deve lisonjeá-lo e deixá-lo ir. Pode fazer isso da maneira mais fácil: adulando-lhe o egoísmo; fale do valor dele, livre-se dele e... não pense mais nele.

"Isto feito, você se sentirá feliz depois da partida dele.

"A presença dele pesou horrivelmente sobre você, porque você não sabia como subtrair-se à influência dele.

"Se você soubesse, poderia não só evitar uma perda de magnetismo, mas ainda tirar alguma coisa da fraqueza dele, se você quisesse.

"Por que, pois, ele é desprovido de disposições atrativas?

"A razão é bem simples. Ele é um negativo; depende dos outros, tem queixas a apresentar...

"Você pode imaginar o homem magnético, que acabamos de descrever, tendo igualmente motivos para queixas?

"Tentar imaginá-lo assim seria um absurdo.

"O nosso homem magnético é uma força, porque se tornou senhor das circunstâncias, porque soube manter uma atitude de espírito que dirige os sucessos e domina tudo o que se move ao seu redor.

"Eis o nosso homem não-magnético personificando o fracasso, ainda que não o saiba, talvez. Ele é fraco e lamuriento. A atitude de seu espírito atrai o insucesso, conforme suas próprias confissões. Dissipa o seu pensamento e sua energia.

"Segundo a lei imutável de causa e efeito, tal indivíduo só pode ser infeliz...

"Eis os nossos dois tipos em presença um do outro. Estude com atenção. Sirva-lhe o primeiro de modelo e o segundo de advertência.

"Observe esses grandes preceitos que se repetem sempre aos nossos ouvidos: *Não descubra os seus males; não procure a simpatia nem os louvores. Procure assenhorear-se da força que domina os desejos e aproprie-se dela.*"

Para não diminuir a importância desta magistral descrição, não direi mais nada acerca do homem magnético comparado com o não-magnético.

4

De onde e como nos vem o pensamento?

DEFINIÇÃO • OS PENSAMENTOS SÃO COISAS CARREGADAS DE PODER • OS PENSAMENTOS NOS VÊM DE FORA • OS NOSSOS PENSAMENTOS AGEM SOBRE NÓS MESMOS • INFLUENCIAMO-NOS UNS AOS OUTROS

DEFINIÇÃO — Os filósofos clássicos suprimiram, de algum modo, a alma, considerando-a simples função do cérebro.

Broussais, que foi, ao contrário de seus contemporâneos, um partidário convicto do Magnetismo e da Frenologia, afirma que o pensamento é um fluido segregado pelo cérebro se não idêntico, pelo menos análogo ao que os magnetizadores daquela época chamavam fluido magnético.

Os teósofos americanos consideram os pensamentos como coisas, e os ocultistas, como seres. Para estes, os nossos maus pensamentos são *larvas* que se agarram a nós e nos perseguem implacavelmente.

Essas teorias são parcialmente verdadeiras, o que podemos reconhecer colocando-nos nas condições em que os autores se viram; mas as afirmações dos teósofos, de que os pensamentos são compostos materiais, corpos formados de substância real, pois são dotados de força mecânica e ação molecular, parecem-me mais justificativos.

Em todos os casos é do lado destes últimos que me coloco e a teoria que vou expor é, de certa forma, a de William Atkinson e, mais ainda, a de Prentice Mulford.

OS PENSAMENTOS SÃO COISAS CARREGADAS DE PODER — Os pensamentos são coisas; poder-se-ia acrescentar que são coisas animadas de um movimento que lhes é próprio, isto é, que são corpos não simples mas compostos, formados da matéria do plano astral, e que esta matéria, carregada de força mental, constitui um verdadeiro poder. Podem os pensamentos ser observados e estudados sob dois aspectos diferentes: como objetos materiais e como agentes ou forças.

A matéria e a força do plano mental e do plano astral comportam-se uma para com a outra de maneira quase idêntica à que adotam no plano físico, com a diferença de que as propriedades da matéria são mais ativas e numerosas nos primeiros planos do que no último.

Aqui, como lá, todas as qualidades dos corpos são igualmente propriedades, agentes, forças, inseparáveis da matéria, como esta é inseparável das propriedades que agem sobre ela.

Pode-se, pois, estudar a matéria dos diferentes planos da natureza sob o duplo ponto de vista que chamamos:

1.° *Físico*, pelo que concerne às propriedades dos corpos no estado permanente;

2.° *Químico*, no que toca às propriedades moleculares, à composição e à decomposição dos mesmos corpos.

Um pensamento qualquer que nos ocorre, faz vibrar a nossa matéria mental, e as suas vibrações comunicam-se em torno de nós por ondulações análogas às dos movimentos ondulatórios que se observam na superfície de uma água tranqüila à qual se atirou uma pedra, e tudo entra na ordem ao cabo de alguns instantes, se a impressão não foi muito forte.

Mas, se o pensamento se impõe à nossa atenção, se é intenso, se se apresenta muitas vezes no campo da consciência, se a impressão é forte, põe em movimento certa quantidade de força mental, que circula constantemente em torno de nós. Esta força atrai a si a matéria astral que acaba por nos envolver e formar a atmosfera ou aura que assinalei no primeiro capítulo.

Esta aura, que é, assim, uma emanação de nós mesmos, age constantemente sobre nós como uma força estranha, atraindo os pensamentos semelhantes que pareciam adormecidos e aumentando a intensidade de ação dos que estão ainda em atividade.

Podemos aí observar duas ordens de fenômenos: os psíquicos ou mentais que obedecem a leis opostas às que regem as forças do plano físico, leis que podem ser assim formuladas: *as ações ou pensamentos da mesma natureza se atraem; as ações ou pensamentos de natureza oposta repelem-se.*

Além desta ação mental, que corresponde à ação dos nossos agentes físicos, podem-se observar ações químicas, que resultam da combinação dos átomos de que se formam os nossos diversos pensamentos; dito de outra forma: da combinação dos pensamentos entre si, quando são atraídos uns pelos outros e que têm entre si certa afinidade, poder-se-ia mesmo dizer: certa simpatia.

Os nossos pensamentos são, pois, formados de matéria astral, que é animada de uma força mental em contínua vibração.

Mas, o nosso cérebro físico é formado de matéria grosseira demais para poder vibrar imediatamente em uníssono com o cérebro mental.

Há uma comunicação, é evidente; mas não é tão direta e simples, como se poderia supor.

Ela segue, pouco mais ou menos, a ordem seguinte:

As ondulações determinadas pelas vibrações da matéria mental comunicam-se à matéria astral, que, pouco a pouco, vibra em união com a matéria mental.

Depois, esse movimento, que não pára aí, se transmite à matéria física: é recebido na massa cinzenta, na parte posterior do cérebro, onde se opera a percepção.

Há, pois, uma transformação do movimento mental em movimento astral e deste no físico.

Os mesmos fenômenos operam-se nos três planos. Poder-se-ia dizer que são comparáveis ao que se passa no domínio musical. Apresentam os mesmos caracteres e são, de certa forma, como já o disse em capítulo anterior, as mesmas escalas ressoando em oitavas diferentes.

Mas, assim apresentado, o assunto não está ao alcance de todos.

Vou descer destas alturas muito elevadas, e, para simplificar, confundindo os efeitos com as causas que as produzem, passarei simplesmente a considerar os pensamentos como coisas que agem constantemente umas sobre as outras mental e quimicamente.

OS PENSAMENTOS NOS VÊM DE FORA — Os pensamentos não nos pertencem propriamente; são-nos comunicados; chegam-nos de fora e nós os absorvemos e transformamos, segundo os nossos desejos, inclinações e necessidades.

Justifica-se esta verdade por uma expressão popular. Falando, assim, de determinados assuntos, ouve-se dizer muitas vezes: *Estas coisas estão no ar* — querendo significar que um grande número de indivíduos pensa, ao mesmo tempo, no mesmo assunto.

Não há dúvida de que os pensamentos se comunicam de um indivíduo a outro.

Assim, na família, por exemplo, se um indivíduo pensa em uma coisa e a diz a outro, recebe muitas vezes esta resposta: "Engraçado, eu estava pensando nisso e ia dizer-lhe".

Não se desejando fazer intervir o acaso — que não existe — é impossível admitir que o mesmo pensamento tenha nascido nos dois cérebros ao mesmo tempo; ele desenvolveu-se num para passar ao outro através do espaço.

Não admira que haja transmissão de pensamento a curta distância, pois o fenômeno já se observou a distâncias mais ou menos consideráveis.

Assim, pode suceder que, estando em casa, na rua ou alhures, você pensa em determinada pessoa e, minutos após, ela cruze o seu caminho.

Seu pensamento, que veio comunicar-se com você e anunciá-lo, por assim dizer, justifica o provérbio: *Falar no mau, aparelhar o pau.*

Mulford admite, e não estou longe de admiti-lo também, que os homens mais fortes e evoluídos, os que se convencionou chamar *gênios*, são os únicos que produzem seus próprios pensamentos. Todos os demais os recebem, absorvem, e transmitem aos outros, mais ou menos transformados e cunhados com o selo de individualidade. Sob certo aspecto parecemo-nos com um espelho refletor colorido de uma tinta especial.

"A luz que nele se reflete — acrescenta — lança raios da cor do espelho. A luz é o espírito e o refletor representa o indivíduo, que serve de intermediário.

"O azeite dos candeeiros provém todo ele da mesma fonte, e as luzes de cada um deles podem ser diversamente coloridas, segundo a cor do globo que os cobre.

"Assim, em uma mesma série de indivíduos, cada um deles é alimentado por um mesmo espírito e, todavia, cada qual reflete a luz segundo o prisma de sua individualidade.

"Tornamo-nos criadores, absorvendo um espírito qualquer e dandolhe cunho original.

"Quando você considera e admira o método de um artista, você absorve o pensamento dele mas não será um simples copista de seu estilo, porque o pensamento dele se combina com o seu.

"Produz-se uma operação química ativa de elementos invisíveis; uma combinação desse pensamento com o seu, donde resulta a formação de um novo elemento, a saber: seu pensamento original. Quanto mais seu pensamento e sua intenção forem puros, menos seu projeto será egoísta, e quanto maior for a rapidez da combinação, tanto mais original e empolgante será seu pensamento.

"Assim é a geração dos pensamentos. As qualidades de justiça e altruísmo são os elementos e fatores científicos desta geração.

"O espírito de egoísmo contenta-se em tomar de empréstimo. Apropria-se do pensamento de outrem, sem querer jamais reconhecer-lhe o legítimo autor e permanecer sempre um imitador..."

Se assim é, os verdadeiros pensadores, aqueles que engendram seus próprios pensamentos ou, pelo menos, um certo número de pensamentos novos e originais, devem ser muito raros.

Para encontrá-los, não convém procurá-los entre os literatos e eruditos; pois a maior parte destes, diz o autor, costuma fazer o ofício de "ratos de biblioteca", querendo, assim, significar que vivem do pensamento alheio.

Qualquer que seja a sua origem, quando um pensamento agita nosso cérebro, de um modo duradouro, fortifica e desenvolve-se em contato com os nossos pensamentos; e todos se movem, influem uns sobre os outros, ligam-se, combinam-se e comunicam-se fora de nós, atraindo os pensamentos que são da mesma natureza e repelindo os que são de natureza oposta.

A figura 10, que representa, grosseiramente, a aura que envolve o corpo humano, procura fazer compreender, pela direção das flechas, que recebemos e enviamos constantemente pensamentos, sob a forma de raios ou ondas, que não deixam de ter analogia com as ondas luminosas.

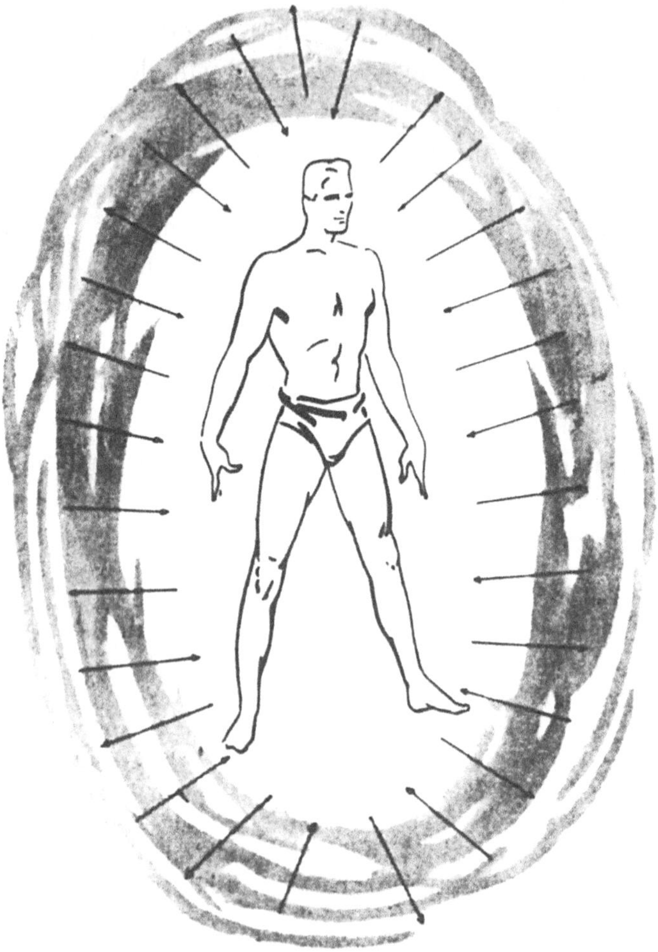

Fig. 10. Irradiação de permuta. A aura.

OS NOSSOS PENSAMENTOS AGEM SOBRE NÓS MESMOS — *Mens agitat molem*, diz-nos um velho adágio latino, que, em bom português, se traduz por: O espírito move a matéria.

Aqui o espírito é o *eu pensante*, é a alma que habita o ser mental.

É óbvio que o nosso corpo físico é animado pelo pensamento, que é a vontade em movimento, e que este pensamento ou esta vontade nos vem do corpo mental. É ela que move os nossos músculos e regula todas as funções da vida de relação.

Eis alguns exemplos:

Quando queremos erguer um objeto, enviamos ao braço, que deve cumprir tal função, a quantidade de força que julgamos necessária para a sua execução.

Se o objeto, digamos um vaso que pensávamos estar cheio de água, está vazio, emitimos força demasiada e erguemos bruscamente a vasilha acima do limite que lhe era assinalado.

Se, pelo contrário, o vaso, que julgávamos vazio, está cheio, não enviamos senão a força bastante para erguê-lo vazio e encontramos uma dificuldade momentânea.

Fenômeno análogo produz-se no caso seguinte:

Ao erguer um corpo que necessite de emissão de uma soma de força quase igual à que estamos habituados a emitir normalmente, se nos assustamos ou nos distraímos, ainda que seja pela conversa de alguém que ouvimos, uma parte de nossa força é desviada para o objeto que nos prende a atenção e este pensamento leva consigo uma soma de força tal, que já não podemos erguer o objeto.

Se, ao contrário, no momento de um perigo, por exemplo, pudermos concentrar rapidamente todos os nossos pensamentos na idéia de levantar e transportar um fardo precioso, que mal podemos erguer no estado normal, quadruplicamos nossa energia e transportamos o fardo sem pensar que o seu peso está muito acima das nossas forças habituais.

Um trabalho difícil, de fôlego, que fazemos de bom ânimo, termina-se com facilidade, ao passo que, se nos aborrecemos, se pensamos em outra coisa, uma parte de nossa força é dividida e a que fica à disposição do corpo físico já não é bastante para levar a termo a tarefa em boas condições. Neste caso, não só gastamos mais tempo como fatigamo-nos inutilmente.

O que fizermos deve ser feito com inteligência, calma e perseverança.

Não devemos fazer duas coisas ao mesmo tempo, por pequena que seja a importância de cada uma delas, pois perde-se energia, tempo e prejudica-se ambos os trabalhos.

Mulford, que não foi sempre rico, dá-nos um exemplo pessoal da maneira como devemos executar um trabalho.

"Em minha mocidade — diz ele — a primeira vez que trabalhei em uma das minas da Califórnia, disse-me um velho mineiro: 'Ó rapaz, você gasta muita força no trabalho; deveria manejar com mais inteligência a sua picareta'.

"Refletindo sobre a advertência, achei que o meu trabalho exigia uma cooperação de inteligência e de músculos: inteligência para dirigir os músculos, inteligência para pôr a pá onde podia tomar mais terra com pouca despesa de forças, inteligência para lançar a terra apanhada fora da vala; e partes infinitesimais, se se pode assim dizer, de movimento de cada músculo, durante o trabalho.

"Quanto mais inteligência eu punha ao manejo do meu instrumento, tanto melhor podia cavar — e tanto mais agradável ia se tornando o trabalho.

"Cada pensamento é uma coisa feita de substâncias invisíveis. O ato de pensar exige certa soma de forças do corpo. Você emprega esta força mesmo nos seus momentos de lazer..."*.

Para realizar a maior soma de trabalho possível com uma despesa mínima de forças, o homem precisa dirigir constantemente o seu pensamento para o fim de o atingir, e *não pensar senão no que faz;* pois, dispersando inutilmente as suas forças mentais, enfraquece-se e qualquer enfraquecimento é o princípio da doença.

Convém-lhe, então, ter presente na memória que *a saúde moral é solidária* com a saúde física e que o bom estado da primeira garante, quase sempre, o bom funcionamento da segunda.

Quando ambas estão bem equilibradas, levamos a cabo maior soma de trabalho feito todo com satisfação.

---

*Prentice Mulford, *Nossas Forças Mentais*, 4 volumes. Editora Pensamento, São Paulo, 1952. A passagem citada encontra-se no 2° volume.

Podemos notar que os maledicentes, os descontentes, os ciumentos, os de ânimo azedo e impertinente, bem como os que são maus a um título qualquer, assim como os carrancudos, tristes e introvertidos, não estão nunca bem dispostos porque têm o espírito doente, envenenado por maus pensamentos, e esta peçonha se transmite ao corpo físico que, por sua vez, adoece.

E assim é que, remontando dos efeitos às causas, somos obrigados a admitir, com os médicos alquimistas e os filósofos herméticos do fim da Idade Média, que muitos dos males do corpo não são mais que males do espírito contra os quais todos os tratamentos físicos são ineficazes.

"Uma grande paixão a que o homem se entrega — diz Eliphas Levi — corresponde sempre a uma grande enfermidade que para si prepara."

Quando ela se declara, é indispensável, para a sua cura, que se trate primeiro do moral.

Cheios de esperança, se nós não pensamos senão em sermos bons, confiantes e corajosos, atraímos as boas influências que flutuam indecisas em redor de nós, nossa intuição torna-se mais verdadeira e mais poderosa; e, consolidando a nossa saúde física, preparamos em grande parte o nosso êxito nos negócios e asseguramos a nossa felicidade.

Mas, se, tristes, desconfiados, ciumentos, receosos e maus, alimentarmos pensamentos de desespero, de ódio e de vingança, atrairemos, fatalmente, as más influências que cavam a nossa ruína e nos levam à desgraça.

Neste último caso, não temos repouso, nem de dia nem de noite; nada nos distrai, nada nos alegra; não achamos tranqüilidade em parte alguma.

O cérebro recebe constantemente, da atmosfera formada pelos pensamentos que nos cercam, incitações a pensar nas mesmas coisas, e esses pensamentos formulados vão ser reenviados ao lugar de onde vieram, para voltarem novamente, de modo que ficam girando no mesmo círculo vicioso, sem poderem sair dele.

A duração da *vida* dos pensamentos, considerados individualmente, é, certamente, muito limitada.

Mas, se os pensamentos antigos se enfraquecem e desaparecem, são constantemente substituídos por novos, da mesma natureza, cheios de força e vigor, os quais mantêm, constantemente, o estado de alma em seu nível habitual quando não o fazem transbordar.

É quando nasce a obsessão, a idéia fixa, cujo mecanismo é assim de fácil compreensão.

O cérebro, em atividade contínua, é, ao mesmo tempo, um receptáculo do pensamento que lhe vem de fora e um gerador do pensamento que transmite.

Produz-se, então, como num circuito elétrico, uma verdadeira corrente de matéria pensante, que vai da aura ao cérebro e do cérebro à aura, assim como o mostra a figura 11.

Se pudéssemos, veríamos, pelos olhos do mental ou mesmo pelos do astral, os nossos semelhantes recebendo e reenviando forças, sob a forma de raios luminosos; veríamos também que a aura e o cérebro são a sede de combinações ativas, onde os pensamentos, que não são absolutamente semelhantes, se aliam, se penetram, se misturam, se confundem, para formar pensamentos novos, originais, que vão ser reenviados com o cunho, com a cor da individualidade de cada um deles (fig. 11).

Os raios do *homem bom* teriam uma tonalidade clara e um aspecto agradável. Os do *homem mau* seriam de um colorido sombrio; pareceriam espessos, pesados e dariam uma impressão mais ou menos desagradável.

Ver-se-ia mesmo que, dentre estes últimos, alguns se apresentariam com um aspecto particular. Os raios luminosos que os cercam parecem ser ainda mais obscuros, mais pesados, como se fossem formados de matéria mais grossa; pois eles têm tendência a descer como um corpo pesa-

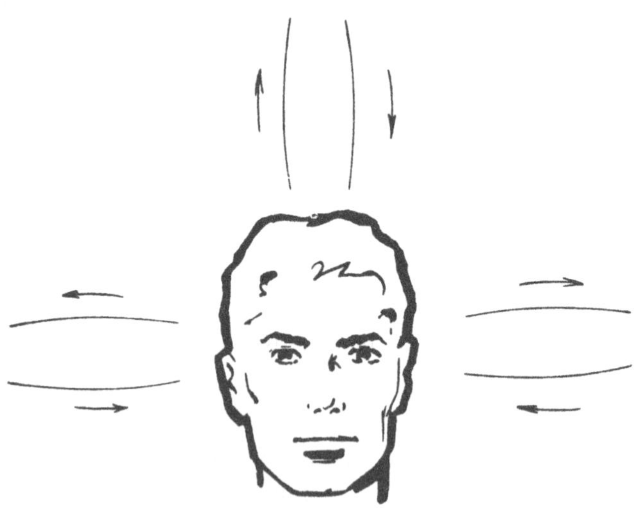

Fig. 11. Circulação dos pensamentos.

do, de tal forma que, lançados perpendicularmente a uma certa distância do corpo físico, tornam a cair e, cerrados, em seguida, uns contra os outros, constituem um verdadeiro envoltório que é quase impermeável às influências do meio em que se acham. Os loucos, os maníacos, os avaros, os ciumentos, os obsessos e todos os que se absorvem nas idéias de ódio e de vingança, muito duradouras, pertencem a esta ordem. Não só estão encarcerados em si mesmos, não vivendo senão para si mesmos e por si mesmos, mas até é-lhes impossível compreender algo que seja alheio à sua mania ou à sua idéia fixa.

Pode-se dizer que estão *fechados, encurralados,* fato que justifica, perfeitamente, esta expressão trivial, porém justa, que tão bem lhes assenta: *Você é impermeável!*

Os ocultistas e teósofos, que conhecem muito bem este envoltório, designam-no pela palavra *casca.* A figura 12 ilustra perfeitamente a situação do *prisioneiro,* que está como que separado do mundo mental que o cerca.

Leadbeater descreve esta casca da seguinte maneira:

"A casca é formada de grande massa de pensamentos concentrados, em que o homem comum tão desafortunadamente se atolou. Durante o sono, este homem prossegue, geralmente, com o mesmo gênero de pensamentos que o interessam durante o dia, e ele se vai, assim, fechando numa parede tão espessa, de sua própria fabricação, que não pode, praticamente, saber nada do que se passa fora dela.

"Às vezes, mas muito raramente, alguma violenta impulsão vinda de fora ou algum desejo forte formulado dentro daqueles muros, pode entreabrir, mesmo por um momento, esta pesada cortina de trevas e fazer chegar ao prisioneiro alguma impressão bem definida; mas o nevoeiro cerra-se ao seu redor e ele recomeça a devanear de maneira incoerente. É óbvio, todavia, que esta couraça pode ser rompida, por diversos métodos" *(O Homem Visível e Invisível).*

INFLUENCIAMO-NOS UNS AOS OUTROS — O pensamento chega-nos de fora, na forma de movimentos ondulatórios, nascendo num ou em muitos cérebros que *passaram antes.*

Estes movimentos são percebidos pelo nosso sistema nervoso e transmitidos ao nosso cérebro que entra em vibração e reproduz, de certa forma, automaticamente, o mesmo pensamento.

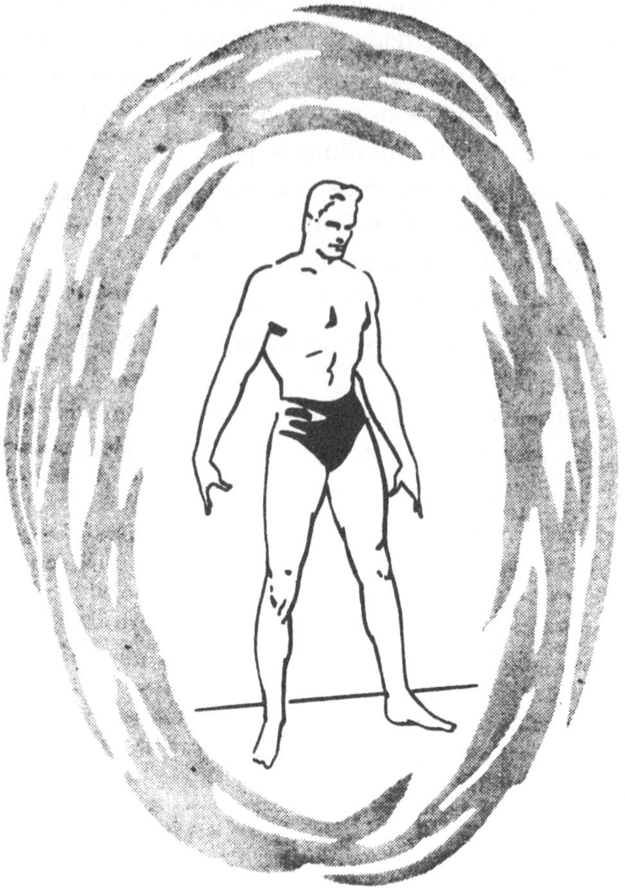

Fig. 12. A casca.

Este pensamento estranho combina-se com o nosso, põe nossa matéria astral em vibração; e essas vibrações vão transmitir, a distância, por ondulações, um movimento de pensamentos novos, mais ou menos originais e revestidos, como já o disse precedentemente, do cunho de nossa individualidade.

Pode-se dizer que o espaço está cheio de impressões, desejos, instruções, mesmo de projetos bons e maus que se movem em todas as direções, e que os atraímos ou repelimos, em virtude desta lei de semelhança e afinidade já formulada anteriormente: *os pensamentos de mesma natureza se atraem; os de natureza oposta se repelem.*

Há, pois, uma troca de pensamentos dos outros a nós e de nós aos outros, de tal modo que, constantemente, dia e noite — durante o sono ainda mais que no estado de vigília —, recebemos e emitimos influências que modificam, pouco a pouco, o nosso modo de ser.

É, pois, por meio de incitações vindas de fora que acabamos por nos fazer o que somos, bons ou maus, felizes ou infelizes.

A felicidade não é um favor do céu, nem a desgraça é um castigo. A primeira condição é somente o sinal aparente de uma individualidade forte e superior; a segunda, a manifestação de uma individualidade fraca e inferior.

Saibamos, pois, que urdimos o nosso próprio destino; que a natureza nos será submissa, se a soubermos dominar; será a serva de nossa vontade; seguirá o movimento que lhe imprimirmos e fará o que quisermos que faça.

Se quisermos ser enérgicos, nos dará a *energia;* se corajosos, beberemos nela a *coragem.*

Mas se, de modo contrário, largamos as rédeas às nossas paixões, não possuiremos energia alguma para resistir-lhes e nos transformaremos em *joguetes* das forças que nos cercam.

Devemos, pois, dizer: *quero fazer isto, tornar-me aquilo,* e repetir a afirmação com muita energia e persistência, para atrairmos as influências úteis, e repelirmos as más. O poder do êxito está no pensamento convenientemente dirigido pela vontade.

"O Pensamento — diz Atkinson, na sua *Força do Pensamento* — desempenha papel decisivo na vida.

"Age em torno do indivíduo; é o fio que o prende a seus semelhantes e sobre o qual se ajuntam, misturando-se e confundindo-se em uma só corrente, todas as energias do ambiente."

Antes de ensinar os meios práticos, que lhe permitirão servir-se do pensamento, segundo as regras requeridas, é oportuno ainda citarmos alguns fatos que se operam, a distâncias mais ou menos consideráveis, as quais nos demonstram que *todos agimos uns sobre os outros* em uma medida muito maior do que se supõe geralmente.

É fato evidente que, quando dois indivíduos se defrontam, ambos causam reciprocamente uma impressão boa ou má, que desperta em cada qual a confiança ou a dúvida, a simpatia ou a antipatia.

Quando esses sentimentos são bem definidos, podemos notar que, junto do indivíduo simpático, sobretudo se ele é mais desenvolvido que nós, não só nos sentimos à vontade, mas ainda mais inteligentes, melhores, e, algumas vezes, mais honestos, ao passo que, junto do indivíduo antipático, sentimo-nos menos inteligentes, menos bons e, talvez, menos honestos.

A influência que os indivíduos exercem uns sobre os outros varia de acordo com as circunstâncias.

Confundindo a influência física com a psíquica, que são aliás muito difíceis de separar uma da outra, Du Potet exprime-se a este respeito em sua *Terapêutica Magnética** da seguinte maneira:

"Há seres que, postos em contato com você, lhe sugam, absorvem suas forças e sua vida; espécie de vampiros sem o saber, vivem à sua custa.

"Junto deles, na esfera de sua atividade, você vai sentir um mal-estar, um constrangimento que vem de sua influência maléfica e determina em você um sentimento indefinível.

"Você sentirá a necessidade de fugir e afastar-se deles; mas tais seres têm uma tendência contrária; aproximam-se de você, cada vez mais o apertam e procuram, por todos os meios, tirar de você o que lhes é necessário para viverem.

"Outros, pelo contrário, são portadores da vida e da saúde. Aonde quer que vão, nasce e irradia-se a alegria; a sua presença faz-nos bem; a sua conversa é agradável e procurada; sentimos satisfação em lhes apertar as mãos, em apoiarmo-nos em seus braços; da sua atmosfera sentimos alguma coisa de balsâmico que nos encanta e magnetiza, sem que o queiramos.

"Adotamos, com facilidade, a sua maneira de ver, suas opiniões, sem saber por que, e é com pena que deixamos a sua benéfica companhia."

Sabemos todos que o exemplo é contagioso. A alegria comunica-se como a tristeza, a virtude como o vício, a saúde como a enfermidade.

A crença popular justifica, aliás, esta verdade pelo provérbio: *Dize-me com quem andas e dir-te-ei quem és.*

---

* Du Potet, *Terapêutica Magnética*. Ed. Pensamento, São Paulo. (Não será mais reeditado)

Não só o exemplo, mas ainda o pensamento e mesmo a maneira de ser, como tudo o que constitui o ser moral de um indivíduo, atrai do meio ambiente os pensamentos, as maneiras de ser análogas dos indivíduos de mentalidade semelhante, que freqüentam esse meio.

Esta comunicação faz-se mesmo sem que tenhamos consciência dela.

Assim, se penetramos, cheios de profunda melancolia, em um meio onde tudo respira saúde, alegria e contentamento, tornamo-nos logo alegres.

O contrário se produz sempre, de modo análogo, em condições opostas.

A intenção e o desejo agem efetivamente sobre nós mesmos — disse Du Potet.

Eles se transmitem de um a outro em razão de sua veemência; e sabemos todos que há casos em que esta comunicação causa impressões tão vivas que a virtude, para evitar seus efeitos, não pode achar refúgio certo, senão na fuga precipitada.

Um homem que tenha uma convicção profunda (pouco importa que seja legitimada pela razão ou baseada numa ilusão de seu espírito, contanto que seja real), age sobre aqueles que o cercam e transforma-os, pouco a pouco, em fanáticos iguais a ele.

Quase todos os sectários políticos e religiosos não têm outro meio para escravizar os homens, perverter-lhes a inteligência e submetê-los ao seu despotismo.

Um general conduz um exército ao combate e o faz marchar como um só homem. Inspira terror aos inimigos mais fortes e mais numerosos por uma idéia belicosa que soube comunicar à sua volta e que, pouco a pouco, se foi propagando a uma grande distância, assim como as ondulações de uma água tranqüila, a cujo seio se lançou uma pedra.

No teatro, um ator bem senhor de seu papel, imaginando ser o verdadeiro herói que representa, causa admiração, temor ou terror aos espectadores. Estes emocionam-se, riem ou choram, ainda que saibam que o espetáculo a que assistem não passa de uma criação da inteligência.

Tanto no moral como no físico, o mais forte tem sempre um ascendente sobre o mais fraco, e este sente-se, muitas vezes, feliz de se pôr sob a proteção daquele.

Os efeitos, que têm como causa uma transmissão desta natureza, são inumeráveis. Basta observar os outros e observar-se, a si mesmo, estudar a natureza das sensações que se provam nas diferentes circunstâncias da vida, para ter logo a certeza absoluta de que o maior número dos fenômenos atribuídos, tão impropriamente, ao acaso, não são devidos senão a uma só causa: *a influência psíquica recíproca que os indivíduos, consciente ou inconscientemente, exercem uns sobre os outros.*

Se os pensamentos, as impressões, a maneira de ser de um indivíduo formam a sua aura, um centro de ação em torno dele, como já o disse atrás, um centro de ação mais *volumoso,* mais poderoso, deve, em virtude das mesmas leis, formar-se em torno de uma aglomeração, de um agrupamento de indivíduos.

Este centro de ação é evidente para todos, e Mulford descreve-o como segue:

"Todo lugar de reunião, todo salão onde se reúnem ociosos, mais ou menos sob a influência de um estimulante, todo meio, seja qual for a sua finalidade, se aí se dizem mentiras ou pratica-se qualquer comércio fraudulento, é um reservatório de pensamentos inferiores. A baixa corrente mental, invisível e real, brota dele; assim como a água brota de uma fonte...

"Todo grupo de pessoas maldizentes, faladoras e escandalosas, é uma fonte de pensamentos maus, assim como toda família em cujo seio reina a desordem, as palavras acrimoniosas e azedas, os olhares rancorosos, o humor áspero e mau, é um foco de pensamentos venenosos...

"O espírito puro não pode viver em tal meio, sem ser afetado. Ele necessita de uma contínua tensão de forças para resistir àquela danosa influência.

"Por muito que a pessoa resista àquelas investidas, acaba por ceder a elas, por ser colhida na armadilha, cegada e vergada ao seu peso.

"Você já pôde, sem dúvida, notar quão livre você se sente dos desejos desordenados, todas as vezes que deixa a cidade para ir ao campo..."

E Mulford continua:

"Com uma tão grande quantidade de elementos invisíveis em torno de nós, é necessário, para conjurá-los, um grupo solidário de indivíduos, de aspirações nobres e puras, que se reúnam muitas vezes e engendrem por sua conversa ou silenciosa comunhão uma corrente de pensamentos mais puros.

"Quanto mais fizerem em favor de tal cooperação, mais força terão os membros do grupo para se pôr ao abrigo, tanto em vigília, como quando dormem, dos ataques e das influências destrutivas que os cercam. Vocês constituirão, assim, uma cadeia poderosa que os ligará à mais alta região espiritual, à região mais pura e poderosa.

"... A corrente emitida por um pequeno círculo de indivíduos bem unidos e sempre de acordo entre si é de valor inestimável.

"É o mais poderoso pensamento; é uma parte do pensamento e da força dos sábios; espíritos poderosos e benfeitores, que serão atraídos para o seu grupo e que virão em seu auxílio, se vocês manifestarem tal desejo.

"Esta corrente purificará a inteligência de vocês, lhes dará vigor, destruirá a enfermidade e lhes sugerirá idéias e planos, se vocês manifestarem o desejo disso...

"A geração de pensamentos nobres e puros emitidos em comunhão verdadeira, e a investigação da verdade, o desejo do bem universal, purificam a inteligência, aumentam a energia, preservam do erro e das pedras de tropeço, melhoram a saúde e comunicam uma força que atrai todos os bens materiais"*.

No tempo em que a fé reinava com soberania, o cristianismo — tão admiravelmente organizado — achou, no agrupamento de indivíduos unidos no mesmo pensamento, força bastante não só para conquistar uma grande parte do mundo, mas também para elevar o nível intelectual e moral, alimentar a esperança num futuro melhor e, pela fé que punha nos corações, aumentar a felicidade de cada um em particular.

---

* Aqui chegamos às bases da fundação e aos fins nobres do Círculo Esotérico da Comunhão do Pensamento, que tem como um dos patronos o espírito iluminado do grande Mulford. O progresso e o desenvolvimento da nossa Ordem e os efeitos benéficos que tem produzido aos seus associados, dentro e fora do país, como o atestam eloqüentemente as inúmeras cartas recebidas, são a prova cabal e sólida da influência salutar e maravilhosa das forças congregadas. Aqueles dos irmãos que mais cooperarem (são palavras do mestre) pela difusão do pensamento harmonizado, queremos dizer, aqueles que fizerem propaganda dos ideais da Comunhão do Pensamento, concorrerão para o bem-estar de muitos e beneficiarão a si mesmos, pondo-se ao abrigo da deletéria influência dos baixos pensamentos. A nossa Ordem tem, portanto, bases sólidas e marca um passo adiantado na evolução das idéias espiritualistas em nosso meio. (N. T.)

PARTE PRÁTICA

1

Considerações sobre a vontade

Querer é poder, com a condição, porém, de não querer o que é impossível e saber fazer uso da vontade.

Apesar da energia que se possa possuir, é quase impossível adquirir, imediatamente, todas as qualidades que dão o *poder magnético* em grau elevado. Convém a todos, para adquiri-las, se não as possuem, e aumentá-las, se já as possuem em determinado grau, uma certa experiência, exercício, prática e até adestramento.

Se olharmos ao nosso redor para ver como se portam aqueles que chegam por si mesmos à posse da fortuna ou que adquiriram uma alta posição, reconhecemos, quase sempre, que *trabalharam* com uma atividade infatigável; que seguiram, com a maior perseverança, ao cabo de um tempo talvez muito longo, o caminho que traçaram para si, sem dele se afastar jamais; que *quiseram*, com energia, chegar ao fim que intentaram atingir.

O ponto de partida de todo êxito, de toda vitória, está na direção que se pode dar às *correntes de pensamento*, pois este é um começo de atividade; um ato em potencial.

Deve-se sempre ter presente na memória que o pensamento, ainda que invisível, existe sob uma forma real, material, duradoura; que constitui o agente mais poderoso que a alma tem à sua disposição para alcançar seus fins; que é uma das forças da natureza mais sutis e poderosas, se não é de todas a mais sutil e poderosa; que, por meio dele, consciente ou inconscientemente, agimos sempre sobre nós e sobre os outros, como os outros, por sua vez, agem constantemente sobre si e sobre nós.

Quando o pensamento se apresenta amiúde no campo da consciência, impondo-se por si mesmo ou sendo imposto por nós, mantém e, muitas vezes, aumenta consideravelmente o que se pode chamar o nosso capital de *forças* mentais, o qual, se for composto exclusivamente de pensamentos nobres e elevados, forma e desenvolve, poderosamente, nossa personalidade magnética.

Não se deve esquecer que os pensamentos de bondade, benevolência, alegria, esperança, coragem e confiança em si, possuem, por sua própria natureza, uma poderosa força organizadora que assegura a nossa saúde física, atrai-nos as boas coisas e prepara a nossa felicidade; ao passo que a maldade, o ódio, a malevolência, a desconfiança, o desânimo, a tristeza e o desespero, constituem forças destruidoras que arruínam nossa saúde física, fazem-nos detestados pelos que nos cercam, afastando as boas coisas, atraindo-nos as más e cavando a nossa infelicidade.

Os que são bons, benevolentes, perseverantes, alegres, corajosos e cheios de esperança, são atraentes e possuem já a personalidade magnética a um certo grau; em todos os casos, têm naturalmente quase todas as qualidades requeridas para desenvolvê-las rapidamente a um grau muito elevado.

Os que são maus devem fazer-se melhores.

Os desesperados, que não chegaram a nada, devem compreender que este resultado é devido à sua insuficiência, à sua inépcia, à sua ignorância, que devem aprender para melhorar.

Para estes últimos, a tarefa será mais longa, mais difícil que para os primeiros; pois estão menos avançados no caminho da vida, menos evoluídos; porém, devem compreender que podem mudar seu caráter, tornar-se melhores, mais simpáticos, mais destros; que, então, a felicidade que lhes fugia obstinadamente, virá a eles tanto mais depressa quanto mais fizerem para possuí-la.

Abreviarão assim o caminho que deve conduzi-los ao fim almejado, passando por uma via reta, de melhores condições e mais segura.

E assim ganharão um tempo precioso, pois tudo é dominado pela sabedoria do provérbio inglês: *Tempo é dinheiro.*

Que compreendam que a saúde física e moral, a força, a influência pessoal, a felicidade, não são *presentes do céu,* que não as recebemos como dádivas, mas sim pelo mérito ou, para melhor dizer, que elas se oferecem, pois estão por toda parte na natureza e cada um pode tomá-las.

A felicidade é um dos sinais mais aparentes de uma individualidade forte, mais evoluída, mais desenvolvida, mais perfeita, enquanto a infelicidade é indício de uma individualidade fraca e atrasada.

Em uns, a verdade é quase nula; em outros, age por movimentos irregulares e não atinge senão raramente o fim que persegue. Todavia, pode-se desenvolver nos primeiros e regularizar-se e desenvolver-se nos segundos.

Os princípios do *magnetismo pessoal* podem ser compreendidos nesta fórmula pronunciada pelo Marquês de Puysegur, falando do magnetismo físico aplicado à arte de cura:

Vontade ativa para o bem,
Crença firme em seu poder,
Confiança inteira ao empregá-lo.

que ele resumia nestas palavras:

CRER E QUERER

Eu resumirei mais ainda, dizendo simplesmente:

QUERER

E como se costuma dizer: *Querer é poder.*

Aquilo que queremos com perseverança, fazemos, pois toda vontade confirma-se por atos.

Em certas circunstâncias, pela vontade pode-se até afastar a morte.

É absolutamente evidente que os velhos, cuja última hora soou, podem esperar a chegada de um filho distante; e depois de terem dado a este o último beijo e de lhe haverem dito o último adeus, e feito a última recomendação, morrem tranqüilamente.

Logo, desenvolver a energia da vontade é, se necessário, o máximo que devemos procurar, pois, à medida que chegamos à posse desse desenvolvimento, as qualidades indispensáveis ao êxito virão a nós por si mesmas.

Repito-o, a maior parte dos indivíduos pode consegui-lo com maior ou menor facilidade e não há dificuldades reais senão para certos doentes e para os preguiçosos, que esperam sempre obter tudo sem trabalho.

Mas, sendo tudo difícil para alguns, a tarefa não é completamente impossível para ninguém.

Desenvolvemos as forças psíquicas e particularmente a vontade da mesma maneira que o fazemos com as forças físicas.

Para isto, há uma ginástica do espírito, desportos psíquicos, que podem ser praticados à maneira dos que conhecemos.

Podemos praticar apenas um, se aspiramos a uma única coisa, tornando-nos neste uma espécie de campeão invicto.

Podemos cultivar todos ao mesmo tempo, o que é mais fácil ainda, e pormo-nos, assim, no estado requerido para atrair todas as boas coisas e repelirmos as más, sem nada fazer de especial para isso.

Não há limites ao desenvolvimento da potência magnética, e quaisquer que sejam as alturas atingidas, há sempre picos mais elevados, aonde podemos, todavia, chegar.

Aquele que, durante cinqüenta ou sessenta anos, perseverasse no desenvolvimento de um poder qualquer, chegaria a produzir prodígios tão admiráveis como os que fazem os faquires, os brâmanes e os mais veneráveis taumaturgos da Índia.

Mas não aconselho ninguém a lançar-se neste caminho, que não é o mais indicado, pois está cheio de escolhos e perigos. Melhor é deixar de lado a possibilidade de cumprir coisas extraordinárias e cultivar ao mesmo tempo todas as faculdades, preenchendo lacunas em nosso desenvolvimento e preparando-nos melhor para percorrer os caminhos da vida, dos quais, se não nos perdemos jamais, podemos, todavia, desviar-nos.

Se a tarefa é difícil para aqueles que não vivem senão de ódio ou que são constantemente importunados por pensamentos que não conseguem afastar, pois não fazem nada de útil para isso, é relativamente fácil para a maioria dentre nós. Disponhamo-nos, portanto, a empreendê-la corajosamente, e ninguém, mesmo aquele que se julga mais incapaz de todos, perderá completamente o seu tempo.

Desde que a personalidade magnética começa a desenvolver-se, ao cabo de algumas semanas para os mais favorecidos, de alguns meses para os que o são menos, experimenta-se um sentimento de amor-próprio, de dignidade consciente, de confiança em si mesmo, que fazem com que o temor ou a apreensão que se tinha, cesse ou, ao menos, diminua em certa medida.

A esperança aumenta, se o indivíduo já a possuía, ou começa a nascer se estava desesperançoso. É uma nova era que se anuncia.

Perseverando corajosamente nesta via de desenvolvimento, verificamos que todas as qualidades precedentes aumentam, manifestando-se outras, que não possuíamos.

Como o físico e o moral são sempre mais ou menos solidários, à medida que esta modificação interior se produz, observa-se uma modificação correspondente no nosso ser exterior.

O nosso físico modifica-se de modo apreciável para todos; o nosso andar torna-se mais gracioso, mais firme, mais nobre; o nosso olhar mais poderoso, abrandando e fazendo-se agradável a todos. Assim, sabemos melhor impor-nos e tornamos mais simpática e agradável a nossa presença, os nossos conselhos serão atendidos e, por conseguinte, seremos mais desejados e procurados que antes. É a influência pessoal que começa a desenvolver-se e deseja tão-somente que a desenvolvamos; é a vida mental que sai da infância para chegar à adolescência. Tornando-nos cada vez mais conscientes deste desenvolvimento, compreendemos melhor as grandes verdades; começamos a sentir que fazemos a conquista de nossas faculdades; que nosso destino nos pertence e que podemos dirigi-lo para o fim que nossa liberdade moral nos permite escolher.

Continuando a educar-nos metodicamente nesses exercícios, entraremos na posse de nosso espírito e de nosso corpo, enquanto todas as nossas faculdades não tardarão a servir ao cumprimento de nossos desígnios.

O poder que ganhamos sobre nós faz-se cada vez mais sentir no meio que nos cerca, de tal modo que, mesmo sem o querer, diretamente, dirigimos os outros e compreendemos muito bem que somos tanto mais aptos a dirigi-los quanto mais hábeis formos no governo de nós mesmos.

Este desenvolvimento progressivo de nossa personalidade magnética é acompanhado de uma sensação particular de força física e moral, isenta de qualquer disposição pretensiosa.

É um sentimento intenso de amor-próprio, uma percepção íntima de nosso valor real, que nos faz modestos, pois começamos a sentir que tudo o que for necessário à nossa felicidade acontecerá, sem que façamos algo para isso.

Quando a pessoa chega a este desenvolvimento progressivo, não vê mais os enfermos, os infelizes, os maus sob o mesmo aspecto que os via no princípio, e já não pensa em vingar-se dos que procuram prejudicá-la.

Agora já compreende que todos seguimos a mesma via de progresso para chegar ao mesmo fim; que os infelizes e os maus são retardatários que estacionam abaixo dos outros na escala evolutiva; e que, se se mostra agora melhor e mais feliz do que eles, é porque ganhou, pelo trabalho, o avanço que eles também deverão ganhar, por sua vez.

Para adquirir o homem a influência pessoal, se já não a possui, e para aumentá-la, se a possui em um grau maior ou menor, cumpre que despenda um esforço proporcional ao grau e rapidez da evolução que deseja atingir. Tomando por princípio jamais fazer a outrem o que não deseja que lhe façam, é necessário fixar o pensamento de que fará todo o possível para desembaraçar-se de seus maus hábitos e substituí-los por outros bons.

Tomadas essas resoluções, vinte ou vinte e cinco minutos de exercícios, metodicamente praticados todos os dias, bastarão talvez para a maioria dentre nós, sobretudo no princípio.

Mas, quaisquer que sejam os resultados obtidos, seriam certamente ultrapassados, se pudéssemos consagrar-lhes um tempo mais considerável, duas e mesmo três horas, por exemplo.

Os exercícios mais insignificantes e que parecem mais estranhos ao resultado que se deseja obter, levam certamente a este pela educação e desenvolvimento da vontade.

"Um camponês que se levantasse todas as manhãs às duas ou três horas — diz Éliphas Lévi — e que fosse, longe de sua casa, colher um raminho da mesma erva, antes do nascer do Sol, poderia, por meio desta mesma erva, operar grande número de prodígios. Esta erva seria o sinal de sua vontade e por meio dela transformar-se-ia em tudo que ele quisesse no interesse de seus desejos." *(Ritual da Alta Magia)*

As práticas absurdas da magia cerimonial e as fórmulas complicadíssimas, sem se excetuarem os tratados mais sérios de magia prática, não têm outra finalidade.

O mesmo autor afirma esta verdade nestes termos:

"Todas essas figuras, todos esses atos análogos às figuras, todas essas disposições de números e de caracteres, não passam de instrumentos de educação da vontade, cujos hábitos fixam e determinam. Servem, além disso, para reunir num só todo, pela ação, todos os poderes anímicos, e para aumentar a força criadora da imaginação. É a ginástica do pensamento que se exerce na realização; por isso, o efeito dessas práticas é infalível como a natureza, quando feitas com confiança absoluta e perseverança inquebrantável". *(Ritual da Alta Magia)*

Resulta dessas afirmações que, quanto mais as fórmulas forem complicadas, mais as práticas serão ridículas e difíceis de executar, e mais suscetíveis serão de desenvolver o poder da vontade.

De um modo bem evidente, resulta do exposto precedente que podemos, por uma educação racional, aumentar a energia da vontade e transformá-la numa formidável potência, ante a qual tudo o que é possível pode obter-se. É o que vou experimentar fazer, pondo esse ensinamento ao alcance de todas as inteligências.

São necessários exercícios; eu os reduzirei à sua mais simples expressão e os classificarei na ordem que me parece melhor. Os principais, os que parecem mais indispensáveis à maioria de nós, são metodicamente descritos em alguns capítulos; os outros são expostos, sumariamente, sob a forma de *Conselhos de Higiene Física e Moral.*

Uma última recomendação: a princípio, os exercícios podem aborrecer e fatigar; e a pessoa põe-se sempre a indagar se eles são realmente necessários ao fim que persegue.

Convém, então, tomar, antecipadamente, a firme resolução de vencer todas as dificuldades; ainda que fosse apenas para se dar a satisfação de as vencer, e não esquecer nunca que elas têm um fim duplo: *desenvolver as forças psíquicas e, mais particularmente, a vontade; desenvolver e regularizar a força nervosa e a força muscular.*

Depois de um tempo muitas vezes breve, o cansaço do princípio desaparece e os exercícios que pareciam os mais ridículos e tediosos fazem-se com satisfação, pois compreende-se, afinal, que eles servem poderosamente para a conquista do autodomínio.

A pessoa deve exercitar-se com a maior regularidade na prática de tudo quanto vou descrever.

Vários exercícios serão praticados apenas por pouco tempo; outros, durante longos anos; enfim, aqueles que tendem a orientar nossos pensamentos para o fim que almejamos alcançar, para constituir o nosso modo de ser, a nossa linha de conduta, esses não deverão ser jamais esquecidos.

Pondo constantemente a atenção nos últimos, os mais ocupados entre nós, pelo trabalho quotidiano, poderão sempre consagrar aos outros exercícios, mesmo no leito, pelo menos oito ou dez minutos de manhã ou à noite.

Não há ninguém que, por mais ocupado que seja, não possa dispor ainda de alguns minutos durante o dia.

Um excelente hábito a tomar no princípio, para desenvolver a energia da vontade, é tomar a firme resolução de consagrar-se, pela manhã e à noite, no leito, antes de deitar-se ou ao levantar-se, dez ou doze minutos à prática de um exercício qualquer e não faltar nunca a esta resolução, quaisquer que sejam os acontecimentos que possam sobrevir.

Contrai-se um mau hábito com a maior facilidade e, muitas vezes, sem percebê-lo.

Convém, pois, sobretudo no princípio deste exercício, durante um tempo talvez de quinze ou vinte dias e mesmo mais, repeti-lo, conforme o que se propôs fazer, sem faltar um só dia. Pois, pelo contrário, uma só abstenção pode fazer perder todas as vantagens obtidas.

2

Amemo-nos uns aos outros

Amemo-nos uns aos outros e não façamos aos outros aquilo que não queremos que nos façam.

Este preceito evangélico, que não é quase aplicado, ainda que seja conhecido de todos, não precisa ser comentado para ser suficientemente compreendido; e as duas linhas precedentes poderiam, rigorosamente, ser consideradas como um capítulo inteiro.

Apesar disso, vou ajuntar-lhe algumas considerações que, completando-o, farão compreender todo o interesse que há, não só em não prejudicar a ninguém, mas ainda em fazer o bem, mesmo àqueles que nos fazem mal.

Aquele que ama seus semelhantes e não lhes faz senão o que quisera que lhe fizessem, possui, naturalmente, influência pessoal em um grau mais ou menos elevado; ele dá bondade; e, conforme as leis psíquicas, que explanei na primeira parte deste livro, recebe bondade sob diferentes formas e não poderá receber nada de mau.

Em tese geral, mais ele dispensará a bondade, com a condição de que o faça com absoluto desinteresse, mais ele receberá.

Se assim é, em uma muito larga medida, trabalhar para os outros, ser bom para os outros, é trabalhar em proveito próprio. Contrariamente, ser mau para os outros, é ser mau para si; fazer-lhes mal é fazer mal para si.

Não é necessário possuir uma alta inteligência, ter uma instrução clássica muito desenvolvida e, mesmo, ser bem instruído, no sentido vigoroso deste termo, para compreender esta verdade que está ao alcance de cada um.

É de rigor, portanto, que todos quantos queiram tornar-se mais felizes, se façam melhores.

Devemos pensar, sempre, no bem que as outras pessoas nos fazem e esforçar-nos o mais possível por esquecer-nos do mal, das ofensas e intrigas de que fomos vítimas. Se pensarmos, apesar disso, no mal que nos fizeram, é de todo necessário que não pensemos em vingança e que não enviemos ao ofensor senão pensamentos de paz e votos de felicidade.

Mulford, que podemos considerar um grande moralista, dá-nos a razão disso, nestes termos, no primeiro volume de sua notável obra intitulada *Nossas Forças Mentais*.

"Quando se emitem pensamentos de tormento, irritação, ódio ou tristeza, põe-se em atividade forças prejudiciais tanto ao corpo como ao espírito. A faculdade de esquecer implica a de expulsar os pensamentos desagradáveis e penosos, e de substituí-los por um elemento aproveitável, destinado a edificar em lugar de destruir. A natureza dos pensamentos que emitimos influi favorável ou desfavoravelmente sobre nossos negócios e influencia os outros em nosso favor ou contra nós. É uma força que os outros sentem agradável ou desagradavelmente, inspirando-lhes confiança ou desconfiança.

"Há um sábio egoísmo: trabalhar para os outros ao mesmo tempo que para nós, porque somos todos unidos pelo espírito. Somos forças que agem e reagem umas sobre as outras, para o bem ou para o mal, através daquilo que a ignorância chama o *espaço vazio*. Existem nervos invisíveis ligando os homens e as coisas entre si. É neste sentido que podemos dizer que todas as formas de vida são solidárias. Somos todos *membros de um mesmo corpo*. Um mau pensamento ou uma ação má é uma pulsação dolorosa vibrando através de miríades de organismos. Um pensamento amável e uma boa ação produzem exatamente o efeito contrário. É, pois, uma lei da natureza e da ciência, que o bem ou o mal que fizermos a outrem recairá sobre nós mesmos. Todo pensamento discordante é uma espada de dois gumes contra nós... A criatura mais antipática, mais hipócrita, mais venenosa, tem necessidade de nossa piedade e do auxílio de todos, porque, emitindo pensamentos maus, atrai para si mesma tristeza e dores. Aquele que nutre maus sentimentos contra uma pessoa de quem recebeu insultos, alguma injustiça ou dano, e que os guarda em si durante horas e mesmo dias inteiros, acaba por fatigar-se e tornar-se incapaz de os expulsar de si. Esses pensamentos aborrecem-no, fatigam-no, enfraquecem-no e ele não consegue deixar de remoê-los. Isto provém do fato de haver atraído sobre si toda a carga do pensamento hostil da pessoa odiada. Ambos têm pensamentos idênticos e trocam entre si venenosos dardos. Assim é que uma e outra dão e recebem golpes de uma força invisível. E se esta guerra silenciosa se prolonga durante várias semanas, os dois adversários ressentem-se dela. Portanto, fazer esforços por esquecer a ofensa e só dirigir aos inimigos pensamentos de paz, é um ato protetor, como o estender a mão para aparar um golpe. A persistência do pensamento benévolo anula as más intenções e torna-as inofensivas.

"O conselho de Cristo: — fazer bem a nossos inimigos — está baseado numa lei natural. Indica que a benevolência vence a maldade e desvia maus efeitos."

Não convém ter, mesmo para os próprios inimigos, senão boas disposições e pensamentos de amor.

"O ódio — continua o mesmo autor — é simplesmente força empregada pela pessoa em despedaçar-se: é uma força destruidora. A boa vontade para com todos é, pelo contrário, uma força construtiva, que torna mais forte quem a emite. O ódio abate. A benevolência para com todos atrai elementos salutares e edificantes daqueles com quem nos pomos em contato. Se você pudesse ver os elementos ativos voando deles para você, em sua simpatia para com você, lhe pareceriam como uns arroiozinhos delicadíssimos de vida. De modo contrário, elementos odiosos que você incitasse nos outros pareceriam lançar-se sobre você na forma de raios de uma substância prejudicial e venenosa. Se você enviar a quem o detesta um pensamento de ódio, não fará mais que aumentar a potência deste elemento. As duas correntes opostas e perigosas encontram-se e misturam-se, reagindo sobre seus emissores e alimentando neles a força antagônica, até que ambos caiam exânimes. É no seu próprio interesse que as pessoas deveriam amar-se mutuamente."

Poderá aquele que é mau, que não ama a ninguém e destesta todo mundo, mudar esse sentimento e tornar-se amável?

Sim, pode, se tiver boa vontade, paciência e persistência; pois as qualidades morais podem, como a força muscular, ser desenvolvidas por exercício especial seguido regularmente.

Leroy Berrier assim se exprime sobre o assunto, em sua obra *Magnetismo Pessoal*, tratando do amor e da bondade:

"Deixe freqüentemente que se manifestem o amor e a bondade em seus pensamentos, palavras e atos, e essas capacidades aumentarão. Faça intervir sua vontade e aplique-se a amar tudo o que o cerca. Quando apertar a mão de uma pessoa, tenha o sentimento de que o amor e a bondade afluem para esse ato, emanando do seu ser. Persevere e seu poder de amar crescerá. Procure encontrar tudo o que é bom e amável naquele com quem você tem contato, e seu amor se desenvolverá. Se desejar atrair as coisas inanimadas, ame-as tão ardentemente, que seu amor reaja sobre você mesmo. Ame-as com tal impulso de coração, que você fará conhecer seu amor aos que o cercam. Ame um ideal com força bastante para realizá-lo..."

Não será fácil àqueles que têm tendência a devolver *olho por olho e dente por dente* enviar pensamentos benévolos aos que lhes fazem mal; mas tudo não passa de uma atitude a assumir e os menos evoluídos dentre nós poderão tomá-la com tanto maior facilidade quanto melhor compreenderem que eles serão os primeiros a lucrar com ela. Se encontrarem alguma dificuldade para tomar esse hábito, os exercícios que vão praticar, sobretudo *o isolamento, a meditação, a concentração e a auto-sugestão,* lhes permitirão superar os últimos obstáculos.

Entretanto, aqueles que desejarem elevar-se na escala da perfeição para adquirir a influência pessoal, não se esqueçam, um só instante, desta verdade prática:

AMEMOS AQUELES QUE NOS DETESTAM E FAÇAMOS O BEM AOS QUE NOS FAZEM MAL.

3

Isolamento

O organismo humano, como todos os organismos vivos, aliás, está naturalmente submetido a períodos de atividade, durante os quais gasta as suas forças, e a períodos de repouso, nos quais recupera as forças perdidas.

Ambos esses períodos, bem diferentes um do outro, são: o estado de vigília, durante o qual o homem trabalha, e o sono, durante o qual repousa.

O corpo é o instrumento da alma, que serve como um reservatório de força mental, que tem necessidade de estar em bom estado para trabalhar utilmente.

Se o corpo está fatigado, a alma gasta mais força para mantê-lo do que a que despende normalmente, e assim se fatiga e se esgota.

A criança que trabalha, sobretudo no desenvolvimento do seu corpo físico, tem necessidade de dormir ao menos a metade do tempo, e o adulto, ainda que tenha o seu corpo físico mais ou menos formado, necessita de dormir cerca de um terço do tempo.

Se ele não dormir o tempo bastante, suas forças físicas, como suas forças morais, não serão suficientemente renovadas; sentirá inicialmente fadiga e, em seguida, esgotamento; e a neurastenia com seu triste cortejo de incapacidade não tardará em declarar-se.

Se os pensamentos são coisas e se sua emissão é acompanhada de outra emissão de forças, como o julguei ter demonstrado na primeira parte deste livro, é indispensável saber pensar, regular convenientemente o curso dos pensamentos e, sobretudo, em certos momentos — *não pensar em nada.*

Durante a vigília, quando pensamos em muitas coisas ao mesmo tempo, emitimos forças em diversas direções e nos tornamos logo fatigados.

Neste estado, se pudermos deter esta despesa de forças e recolher ao seu centro, isto é, em nós mesmos, todas essas energias dispersas, recuperaremos, incontinenti, todas as nossas forças perdidas.

Durante quinze ou vinte minutos, teríamos o repouso correspondente ao de um sono reparador de duas ou três horas.

Estaríamos aptos a fazer diariamente maior soma de trabalho e a fazê-lo melhor e com mais facilidade.

O grande Napoleão possuía esse poder, em um grau bastante elevado.

Em um dado momento podia isolar-se e recuperar, mais rapidamente, as forças perdidas — por isso dormia pouco.

Além disso, adormecia e despertava quase completamente com tal rapidez que causava admiração aos psicólogos.

Perfeitamente repousado, estava sempre de bom ânimo e disposto.

É este um poder que todos podem adquirir, dando-se ao trabalho de habituar-se progressivamente a um exercício, nos primeiros tempos aborrecido e fatigante, mas prometendo para logo os mais encorajadores resultados. Tal exercício tem por fim habilitar o homem a isolar-se do mundo exterior e a recuperar as forças que o pensamento solto e vagabundo andou espalhando, inutilmente, por todos os lados e não as deixar fugir de novo.

É o *retiro de silêncio* de V. Turnbull.

O *isolamento* pode ser praticado em toda parte. Tanto em casa como fora, durante o dia e à noite, sentado ou deitado. Mas para o principiante é melhor recolher-se a um quarto escuro ou meio escuro, longe do barulho, onde não seja importunado. Convém sentar-se confortavelmente numa cadeira ou, de preferência, deitar-se num leito, cerrar as pálpebras sem esforço e fechar levemente os punhos. E fazendo, nesta posição, um esforço mental, no princípio para atrair as forças mentais exteriores e depois para deter a emissão de seus pensamentos, deve cessar todos os movimentos voluntários e involuntários e pôr todos os seus músculos em estado de relaxamento tão completo quanto possível. A boca deve estar fechada, sem que os lábios estejam apertados, e a respiração, lenta, deve ser feita pelo nariz somente.

O campo da consciência deve estar inteiramente fechado e o principiante deve repelir todo e qualquer pensamento que nele queria entrar; em resumo: *não deve pensar em nada.*

Duas operações igualmente úteis fazem-se ao mesmo tempo: relaxamento muscular e a cessação do pensamento.

A coisa não é tão fácil no princípio.

É raro um completo relaxamento e uma abstenção total de pensar durante mais de trinta ou quarenta segundos. Os esforços fatigam-nos e somos forçados a suspender o exercício depois de dois ou três minutos.

Mas, pouco a pouco, alcançamos o poder de isolamento; suspendemos mais facilmente a circulação dos pensamentos, conseguimos relaxamento completo e podemos assim permanecer de oito a dez minutos.

E assim começamos a auferir desse estado grandes vantagens, pois conseguimos um repouso mais ou menos completo em pouco tempo.

Continuando a desenvolver esta faculdade, chegamos a isolar-nos do mundo exterior para podermos fazer este exercício no meio do ruído, e enquanto os outros andam de lá para cá ao nosso redor. Os ruídos, mesmo os mais intensos, não são percebidos senão mui fracamente.

A sensibilidade diminui de tal modo que, se uma mosca pousa em nosso nariz, não nos inquieta e não pensamos em fazer o mais leve movimento para expulsá-la.

Os membros tornam-se pesados: parece que teremos dificuldade em levantá-los e neste estado permanecemos com certa satisfação.

Quando o adestramento é ainda maior, no fim de oito ou dez minutos de um isolamento mais ou menos completo, acha-se a pessoa em uma deliciosa languidez.

Percebe os ruídos exteriores com indiferença, e, coisa digna de nota, ouve-os a uma distância muito maior que a habitual. Sente que está exteriorizada e com tendência a desdobrar-se, pois, algumas vezes, parece-lhe que paira acima de seu próprio corpo.

Em todo caso, ela compreende que o desdobramento é possível, isto é, que fora do sono a alma pode abandonar o corpo físico e libertar-se no espaço.

Ao sair desse estado, que cessa mais ou menos instantaneamente, desde que queira fazê-lo cessar, sente-se transformada do ponto de vista físico. E se conseguiu isolar-se quinze ou vinte minutos, sente-se tão repousada como após uma noite de excelente sono.

Para se obter os melhores resultados, deve-se observar certas condições físicas, como por exemplo, colocar-se sempre em posição heterônoma com a corrente magnética da Terra.

Assim, estando sentada, voltar-se para o norte ou para o oeste, estando deitada, ter a cabeça ao norte e os pés ao sul, ou, no caso de impossibilidade, com a cabeça para leste e os pés para oeste.

Este exercício, como os que daremos a seguir, tem importância considerável, sobretudo no princípio.

É indispensável submeter-se a ele, fazê-lo mui regularmente uma ou duas vezes por dia, durante quatro ou cinco minutos no princípio, depois por um tempo sensivelmente mais longo, desde que não se fatigue. Ele fortifica a energia da vontade, auxilia a pessoa a dominar seu pensamento para dirigi-lo segundo os seus desejos e permite-lhe, quando fatigada, repousar em alguns minutos.

Aqueles que o praticam regularmente podem, depois de um tempo relativamente curto, trabalhar mais longamente e diminuir, em conseqüência, as horas de sono.

Praticado à noite, no leito, permite quase sempre vencer a insônia mais rebelde.

Possibilitando fechar o campo de consciência durante certo tempo, tranqüiliza os que estão constantemente agitados por uma imaginação desregrada e permite mesmo a cura dos obsessos ou, pelo menos, melhorar consideravelmente a sua situação.

É certamente um dos exercícios mais difíceis e fatigantes no começo; mas torna-se agradável desde que se vençam as dificuldades iniciais.

Em todos os casos, concorre poderosamente para o desenvolvimento da energia e do autodomínio.

4

Não pensar em duas coisas ao mesmo tempo

Perguntando-se ao grande Newton, certa vez, quais eram os meios que empregava para fazer tantos descobrimentos extraordinários, respondeu: "Pensando sempre neles".

Como já afirmaram os estóicos e cartesianos, a vontade tem um poder absoluto. É por ela que nos governamos e tornamo-nos aptos a governar os outros.

É ela que constitui a base da nossa responsabilidade.

A característica de uma vontade poderosa é a força moral, que constitui o que se chama o *homem de caráter*, o *homem forte*, capaz de vencer todas as dificuldades que possam opor-se ao cumprimento de seus desígnios.

O desenvolvimento da vontade é, pois, o fator mais indispensável ao aperfeiçoamento físico e moral do homem. Mas, para dirigir esse desenvolvimento, convém *saber pensar*; e, geralmente, para saber alguma coisa, convém aprendê-la. *Querer e pensar, pensar e querer*, são dois termos da proposição, na qual se resume a tarefa que nos impomos.

Sabemos que o pensamento é uma força real; que a ação segue o pensamento.

Mas agimos melhor quando não pensamos senão no que fazemos. Ou, *não se deve pensar em duas coisas ao mesmo tempo.*

"Enquanto pratica um ato físico — diz Mulford — se você pensar em uma coisa estranha a ele, vai desbaratar as suas forças e o seu pensamento.

"Antes de fincar um alfinete num travesseiro, você projetou fora, em pensamento, em substância, um plano para cravá-lo. Este plano é uma força. Você dirigiu essa força ao seu corpo, que é o instrumento. Você não deve misturar este plano com um outro projeto para fazer uma outra coisa, enquanto a sua mão espetar o alfinete. Se o fizer, enviará as suas forças — ou tentará enviá-las — em duas direções ao mesmo tempo.

"Você confundirá o plano e a força de um ato com o plano e a força de um outro ato. Cada pensamento ou cada ato de impaciência, por menor que seja, custa-lhe uma perda de forças sem proveito.

"Algumas vezes, você está cansado de andar, enquanto o seu cérebro trabalhou, se enfraqueceu, fez projetos; se, então, expulsar todos esses pensamentos, e se puser toda a sua inteligência, toda a sua atenção, toda a sua força em suas pernas, você ficará surpreso de sentir o vigor retornar e a fadiga o deixar.

"Cada ato físico custa-lhe um pensamento e cada pensamento é uma despesa de forças.

"Cada passo que você dá, implica um plano para dirigi-lo.

"Se, caminhando, você pensa em outras coisas, você lança as suas forças em várias direções ao mesmo tempo.

"Você acredita que um acrobata poderia subir tão facilmente pela corda, se não aplicasse toda a sua inteligência e sua força nesse ato? Ou que um orador pudesse falar a seu auditório, fazendo girar uma manivela ao mesmo tempo?

"Esta lei vale para todos os atos da vida. Você não deseja poder esquecer suas contrariedades, seus aborrecimentos e suas fadigas, concentrando todo o seu pensamento em qualquer outra coisa e absorvendo-se bastante para esquecer tudo o mais?

"Aí está uma possibilidade mental bem digna de nossos esforços. Ela pode ser realizada pela prática da concentração ou, em outros termos, pondo toda a nossa capacidade mental no cumprimento das coisas ditas triviais. Cada segundo consagrado a esta prática aproxima-nos do resultado. Cada esforço traz-nos um átomo de ganho, seja em geral, seja quanto a um ato em particular. Esse átomo ganho não é jamais perdido; você o utilizará em cada instante do seu trabalho diário e dele terá necessidade para impedir o seu mental de procurar outra coisa, em lugar de concluir um bom negócio...

"Eduque-se na concentração de um só ato e você se habituará a dirigir toda a sua inteligência em todos os atos que praticar. Habitue-se a empregar todo o seu pensamento em cada ação, impedindo-o de se desviar para outra coisa, e você se tornará capaz de dirigir a plenitude de suas forças aos seus discursos, quando fala; à sua ocupação manual, quando trabalha; à sua voz, quando canta; aos seus dedos, em algum trabalho delicado; e aos órgãos e a todas as funções de seu ser, quando tiver ocasião de as exercer.

"Se cultivarmos o poder de localizar as nossas forças em um só ato, cultivaremos também a faculdade de transportar toda a nossa inteligência de um ponto a outro. A saber: transportaremos o nosso mental de uma preocupação aborrecida a um prazer, esquecendo a aflição por meio de um trabalho agradável."

Vê-se a importância que o autor da obra acima citada dá ao pensamento localizado num mesmo ponto ao invés de o deixar vagar daqui para ali, inutilmente.

O capítulo precedente ensina a refrear a emissão de nossos pensamentos.

Neste, vou indicar como o homem se habitua a não pensar senão no trabalho que faz presentemente ou na resolução que quer tomar para o futuro. Para conseguir concentrar o pensamento num mesmo assunto, não existe ato insignificante que não possa e mesmo não deva fazer.

E quando está apto para isso, o menor dos atos exerce disciplina e desenvolve sua vontade; direi mesmo que a desenvolve tanto melhor e mais completamente quanto mais insignificante e ridículo pareça para todo e qualquer outro objeto.

Se se desse por tarefa a um mecânico inteligente e instruído o estudo de uma bela máquina, construída segundo um princípio recentemente descoberto, ele se interessaria muito por ela, se instruiria facilmente, mas não faria nenhum esforço para desenvolver a sua vontade.

Não se daria o mesmo se ele se limitasse a considerar um objeto muito simples, inútil e que, em todos os casos, não apresentasse para ele nenhum interesse. Seria forçado a fazer esforços tanto maiores quanto menor fosse o interesse que este objeto oferecesse; e estes esforços repetidos chegariam precisamente a disciplinar e desenvolver a sua vontade.

Mas o mais simples, inútil e rudimentar dos objetos pode ainda apresentar algum interesse em determinado aspecto.

Pode o homem filosofar sobre um pedaço de papel que encontra na rua e, se se interessa um pouco por ele, não fará muito esforço para fixar seu pensamento e desenvolver sua vontade.

Na minha opinião, vale mais dar-se por tarefa realizar um ato de pouco valor, insignificante, ridículo mesmo, convencendo-se do que requer tempo e que não poderia ser da menor utilidade para qualquer outro objetivo. É esta uma ação física que não tem outra utilidade senão a de sustentar o moral, para lhe permitir cumprir sua tarefa sem distração.

Esta ação faz o ofício do rosário que a Igreja recomenda aos devotos para os auxiliar a fixarem a atenção na prece.

Para a realização desta tarefa, cumpre que a pessoa ponha nela todo o seu pensamento, toda a sua energia, todo o seu ardor, toda a sua vontade, somente para se dar à satisfação de cumpri-la e não cessar senão depois que chegou a fazê-la com facilidade.

Habituando-se a cumprir — *sucessivamente* — muitos atos diferentes, chega com facilidade a fixar o seu pensamento no objeto do trabalho presente, e o esforço necessitado para isso desenvolve rapidamente o poder da vontade.

Em princípio, quando conseguimos cumprir com êxito um ato qualquer, que não seja habitual e que apresente dificuldades, cobramos ânimo, coragem, confiança e força, ao passo que, se não o conseguimos, afrouxa-se o ânimo, ficamos em dúvida sobre as nossas possibilidades, perdemos a confiança em nós mesmos e diminuímos nossos meios de ação.

Convém, portanto, repito-o, que nos proponhamos a realizar, durante cinco ou dez minutos, certo número de exercícios, e podemos estar certos de antemão de que o conseguiremos com maior ou menor facilidade.

Os exercícios podem ser numerosos: podemos imaginar tantos quantos quisermos.

Vou indicar alguns somente, dentre os que me parecem mais apropriados para o desenvolvimento do poder da vontade, habituando-se a pessoa a não pensar em duas coisas ao mesmo tempo.

Antes de se dedicar a esses exercícios é conveniente pôr-se em um estado de calma tão grande quanto possível; e o melhor meio de se pôr nesse estado é isolar-se durante quatro ou cinco minutos, conforme as indicações do capítulo precedente.

1. Fazer uma espécie de colar de centenas de contas, que não fiquem muito apertadas umas nas outras.

Depois de pronto, tomar por tarefa, tendo-o entre as mãos, deslocar cada conta da esquerda para a direita, enumerando-as. Aplicar ao ato toda a atenção e vontade, para não pensar em outra coisa e deslocar o maior número possível de contas em um tempo dado.

Quanto menos deixarmos errar o pensamento, mais contas levaremos de um lado para o outro, durante esse tempo. Será bom contarmos, por exemplo, quinhentos ou seiscentos deslocamentos, tomarmos nota do tempo que empregamos nisso e procurarmos cada vez mais diminuí-lo.

Este processo, embora insignificante, exercita poderosamente a nossa vontade.

2. Estando tranqüilamente sentado à mesa, com os antebraços apoiados — entreabrir os dedos das duas mãos e girar mui lentamente os polegares um em torno do outro, o maior tempo possível. Depois de alguns instantes, o movimento pára, desde que dividimos para outra coisa o nosso pensamento. É preciso, portanto, que ponhamos toda a nossa atenção no movimento e procuremos saber quanto tempo podemos exercê-lo sem parar, assim como aumentar progressivamente o tempo de duração.

Como o precedente, este exercício, que não é fatigante, contribui poderosamente para nos fazer tomar o hábito de não pensar senão no que fazemos.

3. Pormo-nos à mesa como precedentemente, com as mãos sobre ela, fechados os punhos, a palma para cima.

Estender lentamente o polegar, pondo a máxima atenção no movimento, depois o indicador, o médio, o anular e, por fim, o mínimo.

Repetir a mesma série de movimentos em sentido inverso, isto é, fechar lentamente os dedos um após outro.

Começar o exercício com a mão esquerda, fazê-lo a seguir com a direita, depois com ambas ao mesmo tempo e continuá-lo até que possa fazê-lo com agilidade e facilmente.

A duração dos primeiros exercícios deve ser de quatro a cinco minutos, a qual se prolongará até oito, nove, e mesmo dez minutos.

Este exercício é muito fatigante no princípio; mas não se deve abandoná-lo sob pretexto de fadiga. (Atkinson)

4. Sentado, colocar a mão direita sobre o joelho direito, com os dedos fechados, salvo o indicador, que deve estar estendido e dirigido na direção da coxa. Mover este dedo da esquerda para a direita, pondo no movimento a máxima atenção. (Atkinson)

Fazer este exercício durante quatro ou cinco minutos inicialmente, depois prolongá-lo até oito e mesmo dez minutos, procurando executá-lo sem parar.

Estes quatro exercícios, bem dirigidos, permitem o domínio quase que absoluto do pensamento e o poder de orientá-lo para os nossos objetivos. Se eles não bastarem poder-se-á inventar outros.

Desde que os façamos com facilidade, devemos abandoná-los, pois o faríamos automaticamente pensando em outra coisa e o fim falharia.

Seu alcance é considerável. Compreende-se facilmente que, se a pessoa chega a afastar todo o pensamento, qualquer que seja, para se satisfazer com a execução de atos que não têm nenhuma utilidade, pode fixar seu pensamento numa qualidade que deseja adquirir ou desenvolver; afastar os maus pensamentos e substituí-los por bons, como, por exemplo, expulsar as idéias tristes e atrair as alegres; substituir pensamentos de temor pelos de esperança e confiança; sentimentos de ódio por outros amorosos, etc.

Obtido o mínimo resultado prático neste sentido e podendo um bom pensamento ocupar o lugar do mau e fixar-se, este bom pensamento atrai, em virtude da lei psíquica que já enunciamos, outros da mesma natureza e repele os maus.

É este o fim do desenvolvimento da personalidade magnética que, para os mais favorecidos, se torna apreciável ao fim de alguns dias.

Adquirido experimentalmente, mesmo de um modo incompleto, o hábito de não pensar senão no que se faz deve ser aplicado praticamente.

Assim, quando se executar uma tarefa, um ato qualquer que seja, nobre ou trivial, deve-se não só pôr nele toda a inteligência, como também fazer todo o possível para que seu pensamento não se dirija para outra coisa.

5

Concentração

A *concentração* é a arte de isolar-se das impressões do mundo exterior para forçar a atenção a vencer a indiferença e a dominar, ao mesmo tempo, as forças físicas e psíquicas.

Concentrar-se é diminuir o volume de sua radiação, localizando-a em um objeto, não num objeto simples, um pensamento único, por exemplo, mas num conjunto de pensamentos que se referem ao mesmo objeto.

Concentrar-se é levar ao seu centro as forças dispersas, reunir nossa energia, fazer apelo a toda inteligência e vontade para vencer mais seguramente os obstáculos que poderiam impedir-nos de chegar ao fim almejado. É dar-se de *corpo e alma* ao que se faz, para fazê-lo melhor e mais rapidamente.

Aquele que sabe concentrar o seu pensamento e dirigi-lo ao fim que tem em mira, sem deixá-lo desviar-se, sem nada perder, decupla, destarte, o poder do pensamento e os seus meios de ação.

"O homem — diz Atkinson — que sabe tomar interesse por seu trabalho e achar um verdadeiro prazer em sua tarefa diária, é, evidentemente, o que produz mais e vive mais feliz. Não conhece o aborrecimento, nem o cansaço, nem o desgosto, nem o embrutecimento. O homem que tem sempre os olhos no relógio ou amiúde suspende o trabalho à espera do sinal de saída não passa de uma pobre e miserável máquina, à qual são vedadas as alegrias e satisfações do dever." *(A Força do Pensamento)*

Dedicando-se o homem, diariamente, durante alguns meses a exercícios especiais com um fim duplo: 1.°) concentrar seu pensamento em uma idéia, sem deixá-lo divagar; 2.°) desenvolver a sua paciência e suas forças físicas — desprende-se cada vez mais da vida exterior, subtrai-se às distrações que solicitam constantemente o espírito e aumenta, por essa forma, grandemente, sua capacidade de trabalho, qualquer que seja ele, suas aptidões gerais e especiais e seus meios de ação.

"A concentração do pensamento na expressão *entrar em si* — diz Mulford — ou na imagem de seu espírito, com seus finos filamentos elétricos que se estendem às pessoas, aos lugares e a coisas afastadas, contraindo-se e fechando-se em um centro, o ajudará gradualmente a chegar ao seu fim, pois tudo o que você imagina intelectualmente é uma realidade espiritual; em outros termos: o que você imagina toma forma no espírito."

Ainda que Annie Besant procure antes preparar o homem para a vida futura, atribui igualmente muita importância ao seu desenvolvimento na vida presente. Eis o que ela diz no *Caminho do Discípulo*, a respeito da concentração.

"A fim de se pôr em estado de lutar contra essa tendência moderna de se desperdiçarem pensamentos, você deve contrair o hábito diário de pensar seguidamente e concentrar sua atenção, durante certo tempo, num mesmo ponto.

"À guisa de exercícios para a educação de seu mental, tome o hábito de ler, todos os dias, duas páginas de um livro que trate dos lados importantes da vida, do que é eterno antes do que é transitório, e concentre seu mental sobre o que lê. Não o deixe errar e perder-se; se ele se afasta, chame-o, impondo-lhe de novo a mesma idéia e, deste modo, você chegará a fortificá-lo e começará a dominá-lo.

"Você vai aprender, por um exercício constante, a dominá-lo e a fazê-lo seguir o caminho que melhor lhe aprouver.

"Mesmo para as coisas deste mundo, esta faculdade confere grandes vantagens.

"Prepare a vida superior que se abre diante de nós, tornando-se capaz de concentrar o seu pensamento em um fim. O homem que alcança êxito é aquele que sabe concentrar todos os seus pensamentos num alvo.

"O homem que pensa de maneira continuada, clara e precisa, abre com facilidade o caminho que deseja seguir, mesmo no mundo material.

"Esta constante educação do mental lhe será, portanto, útil para as coisas insignificantes e para as de ordem mais elevada, e você desenvolverá, gradativamente, por meio dela esta força diretriz que deve ser uma das qualidades do discípulo-aspirante.

"Exercendo, assim, seu mental, você atingirá talvez um outro resultado: a meditação."

Estes meios podem, certamente, auxiliar a concentração, mas julgo-os insuficientes. Os exercícios dos dois capítulos precedentes dispõem, preparam e facilitam os exercícios seguintes, que me parecem os seus complementos necessários.

É mesmo conveniente isolar-se durante alguns minutos, antes de começar qualquer exercício.

1. Fazendo todo o possível para não pensar senão no que se faz, todos os exercícios de ginástica são bons, porque, desenvolvendo as forças físicas, desenvolvem, ao mesmo tempo, a faculdade de concentração.

Se todos os exercícios de ginástica são bons, é inútil enumerá-los aqui.

2. Em todas as circunstâncias da vida, fazer todo o possível para conter os movimentos involuntários, tais como: morder os lábios, rolar a língua na boca, balançar o corpo, acenar a cabeça, levantar os ombros, piscar desordenadamente as pálpebras, chupar os dentes, tamborilar com os dedos, dar pancadinhas com os pés e outros costumes sempre desagradáveis aos que nos cercam e que desgastam inutilmente as nossas forças.

Em reuniões, evitar rir ou mesmo sorrir constantemente: é sinal de fraqueza física e de inferioridade moral. Devemos sempre conservar, mesmo quando estamos sós, uma atitude correta, calma, digna, sem tensão nem afrouxamento, procurando tomar a expressão natural que se mostra diante das coisas agradáveis.

Obrigar-se a suportar, sem tremer, os ruídos repentinos, tais como o som da campainha que um vizinho comprime nervosamente, o choque de um copo que se quebra, de uma porta que se fecha bruscamente, de um objeto que cai.

É bom pensar em tudo isso e dedicar-se aos exercícios ao menos uma vez por dia.

3. Conserve-se ereto em seu assento, com a cabeça firme, o queixo saliente e as espáduas em posição natural. Eleve, lateralmente, o braço

direito até a altura do ombro, vire a cabeça para a direita, olhando para a ponta dos dedos e mantendo o braço em sua posição horizontal, durante um minuto ao menos.

Faça a mesma experiência com o braço esquerdo, e quando executar movimentos ágeis e precisos, aumente o tempo dia a dia.

Aumente o tempo de um a dois minutos, depois, de dois a três e, assim, até cinco. (Atkinson)

4. Pegue um copo d'água, sustente-o entre os dedos, estenda bem o braço para a frente e imobilize-o, tanto quanto possível, de modo a evitar qualquer trepidação.

Aumente a duração da experiência, do mesmo modo e na proporção indicada precedentemente *(id.)*. Os resultados obtidos pela prática dos exercícios indicados nos três capítulos precedentes são consideráveis para os que se derem ao trabalho de fazê-los conscientemente, durante cinco a seis semanas somente.

No fim desse tempo, os que os praticarem com desenvoltura já podem dirigir os pensamentos e imprimir-lhes um movimento determinado, segundo seus gostos, desejos, tendências e necessidades.

Fizeram-se mais fortes, mais equilibrados física e moralmente, mais senhores de seu corpo e de seu espírito.

E assim podem fazer o seu trabalho habitual melhor e mais rapidamente, repousar quando o desejam, tanto de dia como de noite, e sentir que sua personalidade magnética vai se desenvolvendo rapidamente.

Dois exemplos escolhidos dentre os mais simples e familiares farão compreender a utilidade desse desenvolvimento.

Uma dona de casa que não pode fixar o seu pensamento no que faz, acaba sempre mal o seu trabalho.

A mesa, por exemplo, não ficou bem posta e a cada instante alguém exclama que lhe falta uma faca; um outro, um garfo; e todos, que falta isto ou aquilo. A dona de casa, que não tem má vontade, desculpa-se, dizendo simplesmente: *Palavra que foi sem querer, esqueci-me novamente.*

Não esquecerá nada mais no futuro se seguir as prescrições indicadas; pois, sabendo o que deve fazer, o fará perfeitamente, sem nenhum esforço, tornando-se capaz de concentrar o pensamento só na idéia de *pôr a mesa,* em lugar de se distrair.

Ficando a memória sempre alerta, não é possível haver esquecimento.

Passeando para se distrair ou repousar, muitas pessoas gesticulam, movem os lábios como se falassem, ou falam mesmo à meia voz como se conversassem com seres invisíveis.

De fato, assim fazendo, essas pessoas acham-se preocupadas com seus negócios e discutem com um concorrente, um fornecedor, um freguês.

Agitadas e nervosas, mal vendo aqueles que as cercam, ficam automaticamente fantasiando, fatigando-se pouco a pouco e esgotando-se.

O mesmo não acontecerá àquele que, por mais distraído que seja, submeter-se aos exercícios indicados, pois adquirirá rapidamente o poder de concentrar o pensamento num único objeto; do ponto em que nos colocamos aqui, concentrar o pensamento *no passeio que o repousará em vez de fatigá-lo.*

6

Meditação

A *meditação* é um estado no qual entra o nosso espírito para refletir sobre um assunto qualquer, examiná-lo seriamente, aprofundá-lo e procurar conhecê-lo tanto quanto possível.

É na meditação que se procura a inspiração, isto é, segundo a definição que se dá desta palavra, não em teologia, mas em literatura, é na meditação que o homem procura pôr em atividade todas as faculdades intelectuais, para descobrir alguma coisa de belo, de bom e de bem.

A meditação consiste em conservar um sentimento favorável, impedindo-o de atravessar demasiadamente depressa o campo da consciência para obrigá-lo a despertar em nós as idéias ou sentimentos que é suscetível fazer nascer; em repelir os pensamentos e sentimentos desfavoráveis que poderiam ainda assaltar-nos; em fixar nas diversas circunstâncias da vida um olhar penetrante para captar-lhes os menores detalhes; em utilizar, proveitosamente, os recursos que estão a nossa disposição e evitar os perigos a que estamos expostos.

A meditação dá-nos a força e a paciência — virtude que caracteriza as almas elevadas; e, como diz judiciosamente Atkinson, "ela nos assegura o meio de nos equiparmos no presente e nos prepararmos para o futuro".

Para meditarmos utilmente, cumpre que estejamos em boas disposições físicas e morais, e nos preparemos pelo isolamento durante cinco ou seis minutos no mínimo; que abramos, em seguida, completamente o campo da consciência para receber *todas as influências*, todos os pensamentos, todas as idéias, todos os sentimentos que a ele possam chegar; que os discutamos, conservando os bons e repelindo os maus; e que concentremos a nossa energia nas resoluções que queremos tomar.

A figura 13 ilustra exatamente o que se passa no estado meditativo: recebemos de todas as partes intuições, pensamentos e forças que utilizaremos segundo as nossas necessidades.

Se não fixarmos a atenção num objeto especial, procuraremos evocar as idéias do belo, do bem e do útil; fazer nascer em nós sentimentos de interesse geral; despertar movimentos de afeição; descobrir um caminho novo que nos possa ser útil; e procurar estabelecer regras de conduta.

Se fixarmos, pelo contrário, a atenção num objeto determinado, procuraremos considerá-lo em todos os pormenores, em todos os seus aspectos, com o fim de pesar as vantagens e os inconvenientes; faremos juízos sobre uns e outros para calcular as probabilidades de êxito e chegar com maior segurança ao fim almejado.

Do ponto de vista em que nos achamos, podemos tomar, como matéria de meditação, o desenvolvimento de nossa personalidade magnéti-

Fig. 13. A consciência em estado receptivo.

ca, analisando todas as impressões, que não deixarão de se fazer sentir, e procurando bem compreender as vantagens que há em nada negligenciarmos para chegar ao alvo mais depressa.

Podemos, em seguida, tomar um objeto particular: querer, por exemplo, desembaraçar-nos de uma deformidade moral e desenvolver mais particularmente outra qualidade de que temos necessidade.

Todos temos maior ou menor consciência de que há em nós, isto é, em nosso corpo *físico*, como atrás nos referimos, dois princípios: — um que rege nossas faculdades instintivas, a saber: o *astral* e o *subconsciente*, e outro que regula as nossas faculdades morais, isto é: o *mental*, a *alma*, o *eu* dos filósofos.

Mas essa idéia é mais ou menos confusa, e sucede, muitas vezes, que, querendo compreendê-la melhor, a deixamos escapar.

Na meditação, concentrando tudo em si mesmo, considerando-se como o centro da vida exterior, o homem chega não só a compreender muito facilmente o mecanismo de sua tríplice individualidade, como também a grandeza do fim que todos devemos atingir.

Falando do indivíduo que *procura o seu eu*, assim se exprime Atkinson:

"... Despoje-se, por um instante, de sua personalidade física, isole-se completamente da vida exterior, reduza-se a uma simples abstração e diga: *Onde está minha individualidade e o que representa ela?* Ele conceberá, ordinariamente, a idéia que temos de nós mesmos, a qual não podemos definir, tanto ela é importante à conduta humana. Se suceder que esta idéia não se esclareça com as primeiras experiências, outras tentativas deverão ser feitas até o seu completo esclarecimento. Quando ele chegar a este resultado, um sentimento de alegria imensa o penetrará. É que terá compreendido o problema de suas origens e seus fins, alcançado, em seu significado superior, a idéia da vida e de seu próprio destino, penetrado o além e elevado a si mesmo aos horizontes celestiais. Terá, enfim, compreendido a eternidade e saberá doravante que, se seu ser físico é miserável, se seu ser intelectual é provisório e limitado, seu ser moral é eterno e infinito. A obra da criação aparecer-lhe-á em toda a magnificência e ele, tão pequeno, tão limitado, tão fugitivo, se verá na cadeia dos séculos e no imenso universo como o traço imperecível e sublime que liga as gerações do passado às do futuro". *(A Força do Pensamento)*

Podemos meditar em qualquer parte: no campo, no bosque, a toda hora do dia ou da noite; mas é sobretudo na solidão que colhemos melhor proveito.

Aqueles que são pouco sensitivos meditam muito bem, quer ao luar, quer ao pé de uma cascata.

A meu ver, a melhor meditação é a que fazemos ao deitar-nos, com a condição de dormirmos com a resolução que tomamos, isto é, pensando brandamente em fazer no futuro esta ou aquela coisa, ou evitar tal ou qual ação.

Há um escolho a evitar: o da pessoa se abandonar ao devaneio, pois, neste estado, a atenção repousa, deixando as tramas de idéias e sentimentos saltarem livremente no campo de consciência e se prenderem sob a ação das influências mais insignificantes e, algumas vezes, mais imprevistas.

O devaneio sentimental, que leva facilmente às idéias de enternecimento, é particularmente prejudicial ao desenvolvimento da personalidade magnética e nos faz perder energia.

Bem dirigida, a meditação torna-se um dos fatores mais importantes do desenvolvimento da personalidade magnética.

Na *Educação da Vontade,* Payot, que não a considera senão do ponto de vista filosófico, exprime-se assim:

"Ela origina movimentos poderosos e afetuosos, transforma em resoluções enérgicas as veleidades, neutraliza a influência das sugestões da linguagem e da paixão, permite lançar ao futuro um olhar lúcido e prever os perigos de origem interna, evitando que as circunstâncias exteriores alimentem nossa nativa indolência... Permite extrair da experiência diária regras, a princípio provisórias, que vão se confirmando, precisando, acabando por adquirir a autoridade de princípios diretores da conduta".

Faz-nos perceber pelos sentidos anímicos impressões que os sentidos corporais não percebem.

Além disso, ela nos traz forças morais, intelectuais e, mesmo, físicas.

7

Respiração profunda

No homem e nos animais superiores, a *respiração* faz-se pelos pulmões.

É sob sua ação, ao contato dos lóbulos pulmonares, que o sangue venoso se transforma em sangue arterial, expulsando o ácido carbônico de que estava carregado devido à desnutrição para se prover do oxigênio.

A respiração faz-se em dois tempos: a *expiração*, que expulsa o ar e os gases inúteis para as necessidades do organismo; a *inspiração*, que atrai o ar fresco, vivificante e tão puro quanto possível.

Ao nascer, a criança respira normalmente de trinta e cinco a trinta e oito vezes por minuto.

A respiração torna-se menos freqüente à medida que o homem avança em idade, de tal maneira que o adulto respira somente de dezoito a dezenove vezes.

A doença, as emoções violentas, a própria pressão atmosférica modificam mais ou menos a função respiratória.

Os pulmões e o coração, cujas funções respectivas são a respiração e a circulação, exercem reciprocamente grande influência um sobre o outro, de tal maneira que o coração pulsa mui fortemente quando a respiração é precipitada, e não bate o suficiente quando ela é fraca.

O coração bate cerca de quatro vezes enquanto respiramos uma vez, isto é, enquanto executamos completamente os dois tempos da respiração.

"O pulmão e o coração podem ser considerados — diz Papus — como duas rodas dentadas encaixadas uma na outra, o que faz que todo aumento no ritmo respiratório se reproduza e multiplique no sistema cardíaco e, por conseguinte, em toda a circulação. A respiração é, pois, o grande fiel do organismo encarregado de restabelecer o equilíbrio desde que este é destruído por uma perda qualquer de dinamismo." (*Tratado Elementar da Magia Prática*)

A regularidade da respiração, que se manifesta exteriormente pelo que se chama *sopro*, é o mais aparente sinal de vida física. Depois de ter formado o homem do limo da terra, o Criador animou-o, disse Moisés, através de um sopro de vida. (*Gênesis*, capítulo II, versículo 7)

Quando a alma abandona o corpo perecível à terra que o nutriu, costuma-se dizer que exalou o *último suspiro*.

É por este sopro, de boca a boca, que os profetas das Cevenas, célebres no tempo das Dragonadas, comunicavam a inspiração profética aos crentes que, até ali, haviam escapado a este efeito do entusiasmo religioso; é também pela insuflação de boca a boca que certos exorcistas curavam os endemoninhados.

É evidente que, quando a pessoa respira a plenos pulmões, apresenta ordinariamente todas as aparências de saúde física; ao passo que a sufocação, a opressão, assim como a dificuldade de respirar, por um motivo qualquer, indicam sempre fraqueza geral ou local; em todos os casos, elas são indícios de um desequilíbrio mais ou menos considerável.

Os pulmões, órgãos respiratórios, são, no homem sadio, robusto e forte, uma importante fonte de energia que ele pode utilizar para si, do ponto de vista puramente físico, primeiramente; depois, como mais longe se verá, do ponto de vista psíquico.

Os movimentos respiratórios não se produzem da mesma forma em todos os indivíduos; são geralmente muito diferentes, no homem e na mulher.

Os fisiologistas classificam-nos em tipos *abdominal, costo-inferior e costo-superior.*

Tipo abdominal. — Em certos indivíduos, a respiração calma não se revela senão pelo movimento do ventre, que se torna saliente na inspiração e se retrai na expiração. Estes movimentos denotam as contrações e os relaxamentos alternados do diafragma que, neste caso, só deprime as vísceras abdominais.

As costelas parecem imóveis; as inferiores são levadas para fora e para baixo, seguindo, no momento da inspiração, os movimentos das vísceras abdominais, que dilatam os flancos, ao mesmo tempo que distendem a parede anterior do ventre.

Este tipo observa-se constantemente na primeira idade, em ambos os sexos, mas no fim de um número variável de anos, vêem-se estabelecer diferenças entre os rapazes e as moças. A maior parte destas últimas perde este tipo, que persiste num grande número de homens.

É o tipo da respiração do coelho, do gato, do cavalo.

Tipo costo-inferior. — Os movimentos respiratórios são muito aparentes ao nível das sete últimas costelas; diminuem à medida que sobem para o peito, que parece imóvel.

O esterno fica um pouco saliente em sua parte inferior. A parede abdominal, imóvel; algumas vezes mesmo ela se achata durante a inspiração, para se dilatar na expiração.

Este tipo respiratório observa-se raramente na mulher e no homem é quase tão freqüente como o tipo abdominal.

É o tipo da respiração do cão.

Tipo costo-superior. — A maior extensão dos movimentos tem lugar nas costelas superiores, que se movem para cima e para a frente.

A clavícula, o esterno e a primeira costela levantam-se e este movimento se propaga, porém, enfraquecendo-se da parte superior à parte inferior do peito.

É o tipo respiratório das mulheres em sua maioria; observa-se igualmente nas fêmeas dos mamíferos em sua maior parte superior à parte inferior do peito.

A respiração faz-se raramente de um modo completo. Amiúde, a parte superior dos pulmões, o alto, mal funciona e esta inércia é a causa direta ou indireta de um grande número de tísicas pulmonares.

É sempre nesta parte enfraquecida, atrofiada pela falta de trabalho, que se formam os tubérculos que invadem, mais tarde, as diferentes partes do órgão.

A respiração defeituosa ou incompleta não só é a causa mais freqüente do maior número das afecções crônicas dos pulmões como constitui também uma daquelas que, muitas vezes, originam perturbações da circulação e da inervação. Ela é ainda uma causa direta da agitação ou da timidez naqueles que não são senhores de si.

A Marquesa de Ciccolini escreveu uma pequena obra intitulada *A Inspiração Profunda, Ativa, Desconhecida em Fisiologia,* na qual expõe os benefícios da respiração profunda na anemia.

"Eu era esposa — diz ela —, eu era mãe; tivera mesmo a felicidade de alimentar meu filho, quando uma anemia se declarou de súbito por uma extrema palidez, uma superexcitação nervosa contínua, a perda da voz, os pés sempre frios, a falta de apetite, etc.

"Os médicos, que me haviam durante longo tempo tratado de uma irritação na garganta, acabaram por compreender que esta podia bem ser causada por certa pobreza do sangue. Eles não acharam nada de melhor para me curar, que me receitar uma nutrição extremamente fortificante... mas não o ar, os exercícios corporais, nem os passeios, nem as excursões nos bosques, nem a respiração ativa à qual devo a minha salvação.

"Foi em Paris que encontrei minha salvação. O competente Doutor Ch. Lethière, homeopata, nesta cidade, aconselhou-me o exercício do canto sob a direção do Maestro Wartel.

"Foi neste exercício que acabei por achar o que eu procurava... Wartel possuía, em um alto grau, a arte de aplicar a sua teoria especial.

"Todos os seus esforços tendiam a produzir, em seus alunos, a respiração profunda.

"Possuía o seu segredo, que dizia ter tirado da escola italiana.

"Fazia-nos cantar com a boca fechada. Chegávamos assim muito naturalmente ao fim, sem o saber. Em breve tempo, três meses de exercícios diários, sob a sua sábia direção, cheguei a recuperar a voz e já não tinha os pés frios como antes.

"Acelerando a circulação pelo exercício da voz, isto é, dos órgãos respiratórios, espalhou-se o calor por todo o corpo."

À vista deste resultado, a autora entusiasmou-se pela ginástica respiratória.

A Marquesa de Ciccolini aconselhou-a a amigos doentes, que conseguiram igualmente curar-se.

"Tivemos um amigo — diz ela — que passara dos 50 anos e tinha a infelicidade de ser cego. Rico e amante da mesa, não recusava nada do que podia contribuir para o seu bem-estar físico. Tomava uma alimentação fortificante e fazia passeios diariamente. Apesar disso, sofria de uma terrível anemia.

"Meu primeiro cuidado foi iniciá-lo nos benefícios da ginástica pulmonar... Dedicou-se inteiramente a ela.

"Durante as leituras que lhe eram feitas ou enquanto era conduzido nas caminhadas, ouvindo concertos, ou entretendo-se com outras distrações, não cessava de respirar ativamente.

"No intervalo de dois meses, viu-se aparecer sob o amarelo-esverdeado de suas faces um pouco de rubor, que se foi, pouco a pouco, acentuando até que, ao cabo de cinco meses, estava completamente curado."

Gebbardt, em sua obra *A Atitude que se Impõe,* diz: "A ginástica respiratória, feita metodicamente, combate, com êxito, os sentimentos de temor e ansiedade, a timidez, o embaraço, o arrebatamento, a sentimentalidade e a falta de segurança".

Segundo o mesmo autor, há dois gêneros desta ginástica: 1.°) *Respiração profunda;* 2.°) *Posição respiratória* — que ele explica da seguinte maneira:

"*Respiração profunda.* — Assim como indica a figura 14, toma-se um bastão com as duas mãos, as palmas para dentro e os braços pendendo verticalmente dos lados *(Posição para baixo).*

"No segundo tempo, por um movimento vigoroso, leva-se o bastão na *posição para cima* (fig. 15), o que estende o diâmetro longitudinal do tórax; no terceiro tempo, por uma flexão também vigorosa dos cotovelos, passa-se desta posição para a *posição sobre a nuca* (fig. 16).

"Muitos no começo praticam essa ginástica gemendo, fazendo caretas e agitando o corpo. Para outros, porém, esta respiração profunda é literalmente um traço de luz e têm a impressão de estarem sendo libertos de um pesadelo.

"Quando a pessoa se exercitou algum tempo com o bastão, pode dispensá-lo e tomar a mesma posição, como indica a figura 17, simplesmente elevando os braços e dobrando as mãos acima do occipital.

"*Posição respiratória.* — Apóiam-se as mãos nos quadris, aspira-se o ar muito lenta e tranqüilamente, com a boca fechada, e prende-se o fôlego o máximo possível, em seguida, solta-se, num movimento rápido.

"Proceder diariamente aos exercícios do modo seguinte:

"No princípio, limitar-se à respiração profunda, três vezes por dia, antes do café da manhã, antes do almoço e do jantar. Colocar-se para isso de preferência diante da janela aberta e repetir o exercício umas vinte vezes.

"Depois de ter feito, regularmente, durante algum tempo, estes exercícios de respiração, alterná-los de modo a conservar o alento três ou quatro segundos apenas no início, depois aumentando um segundo, continuando assim até que possa retê-lo durante dez ou quinze segundos.

"Deve-se fazer este exercício três vezes por dia, umas vinte vezes antes da refeição.

"Jamais, nestes exercícios variados, se forçarão os pulmões. O aumento da capacidade conduz facilmente ao exagero. Certas pessoas chegam mesmo a reter o fôlego dois minutos e até dois minutos e meio."

Para aqueles que tiverem dificuldade de reter o fôlego ou que quiserem fazer mais ginástica respiratória, o mesmo autor aconselha os exercícios seguintes:

"*Elevação das espáduas.* — As espáduas devem ser levantadas simultaneamente com força e tão alto quanto possível, mas baixadas lentamente, para que o movimento, repetido muito freqüentemente, não sacuda muito a cabeça. Como os músculos em exercício determinam, direta ou indiretamente, não só a elevação das espáduas como também a elevação das primeiras costelas, este exercício é recomendado para alargar a parte superior da cavidade torácica. Deve-se repeti-lo trinta, quarenta ou cinqüenta vezes seguidas.

"*Elevação lateral dos braços.* — Este exercício consiste em elevar lateralmente os braços o mais alto possível, mantendo-os em plano vertical sem que se produza a menor flexão do cotovelo.

"Se os músculos elevadores do braço e os da articulação da espádua estiverem completamente desenvolvidos, e se seu jogo for livre, os antebraços deverão, na fase mais elevada do exercício, pôr-se em contato com as partes laterais da cabeça.

"Os músculos elevadores dos braços e os da região lateral do pescoço são os que, neste exercício, estão principalmente em movimento.

"Produz-se, sobretudo, um alargamento mecânico das paredes laterais do tórax e dos espaços intercostais.

"Este exercício determina, pois, um desenvolvimento mais completo do mecanismo da respiração.

"Repeti-lo dez, vinte ou trinta vezes.

"*Execução de um movimento circular com os braços.* — Os braços, fortemente estendidos, são dirigidos de diante para trás e vice-versa; descrevem, assim, um círculo de raio tão grande e extenso quanto possível.

"Cumpre ter cuidado, neste exercício, de fazer passar os braços perto da cabeça.

"Este movimento que se chega a realizar na maior parte dos casos, somente pouco a pouco, pela prática, exige positivamente uma liberdade completa na articulação da espádua.

"Os músculos da espádua e os que têm seu ponto de união em torno da cavidade torácica, se põem, assim, em ação franca e total.

"Os efeitos essenciais desta ação são os de conseguir grande liberdade de movimentos na articulação da espádua e um aumento de poder do movimento respiratório, à qual deve juntar-se, como conseqüência concomitante, um crescimento mecânico da cavidade torácica.

"Repetir o exercício oito, doze e até vinte vezes.

"*Aproximação dos cotovelos atrás.* — Estando os dois braços bem apoiados nos quadris e semiflexionados, levá-los fortemente para trás de modo que os cotovelos se aproximem tanto quanto possível um do outro. O dorso deve ficar bem estendido. A mais completa expressão deste movimento reside na aproximação dos cotovelos, até ao contato atrás.

"Este movimento deve, finalmente, coincidir com a inspiração. Executá-lo duas, doze, até dezesseis vezes.

"*Junção das mãos atrás.* — Com as costas bem eretas, juntar as mãos atrás; estender os braços forçando os cotovelos para dentro.

"Este último tempo do exercício, que constitui o essencial do movimento, deve ser executado fazendo-o coincidir com a expiração do ar dos pulmões. Por esses dois exercícios, os ombros são fortemente distendidos e postos para trás; no último, são ainda ligeiramente baixados. O corpo toma então uma posição excelente e salutar sob vários aspectos; produz-se ao mesmo tempo um alargamento mecânico da parede anterior do peito e, conseqüentemente, um aumento da atividade respiratória.

"*Aproximação e afastamento dos braços horizontalmente.* — Os braços, tendo sido bem estendidos e alongados, são aproximados horizontalmente com força, sem que as mãos se toquem, e depois levados para trás. Este último movimento, naturalmente, não pode ser executado da mesma maneira que o primeiro. Nestes dois exercícios predomina alternadamente a ação dos músculos anteriores do peito e a dos músculos posteriores das espáduas, ao mesmo tempo que as paredes anteriores e posteriores do peito experimentam alternativamente um alargamento mecânico.

"Executa-se oito, dez ou dezesseis vezes.

“Estes exercícios respiratórios dão, ao cabo de pouco tempo, uma regeneração extraordinária do sentimento de suas forças e um estado de bem-estar geral, de força ativa que não suspeitam os que estão sempre fechados em casa e os que trabalham exclusivamente com o cérebro.

“O sentimento de superioridade que acompanha a destreza e a agilidade aumenta, assim como a confiança, a alegria, a serenidade e a elas-

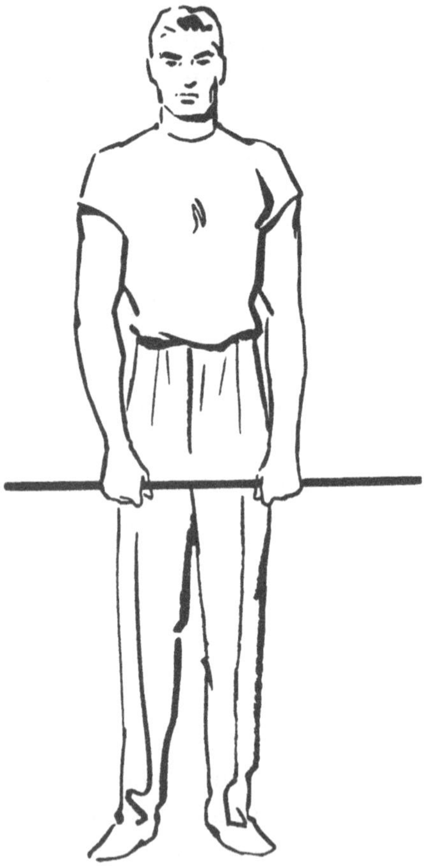

Fig. 14. Posição para baixo.

Fig. 15. Posição para cima.

ticidade do espírito. Desaparecem totalmente: falta de idéias, confusão, corpo pesado, desânimo, mau humor e tristeza."

Com o nome de ginástica respiratória, a respiração profunda é geralmente considerada, atualmente, como suscetível de exercer uma ação poderosa no desenvolvimento do peito, de preservar das doenças dos pulmões e mesmo de curá-las na maior parte dos casos.

Há alguns anos, o Dr. Lehwens, de Berlim, empenhava-se em propagá-la, como possuindo a virtude de corrigir as falhas da palavra e até mesmo a garganta.

O Dr. Lennox Brown, de Londres, afirmou que ela é a única base certa da arte do canto; em todo caso, se ensina hoje, por toda parte, aos cantores respirar profundamente segundo certas regras.

Muitos outros autores, entre os quais citarei somente Payot *(Educação da Vontade)*, Papus *(Tratado Elementar de Magia Prática)*, Turnbull *(Magnetismo Pessoal)*, atribuem-lhe uma grande importância, não só por desenvolver certas funções físicas mas ainda os poderes psíquicos e, mais particularmente, a vontade.

É este também o nosso parecer.

Os bons resultados da respiração profunda são conhecidos há muito tempo.

Platão, e Kant, posteriormente, recomendaram-na, aconselhando que se retivesse o fôlego o maior tempo possível.

O Doutor T. Lay cita, num livro publicado em Londres em 1841, com o título *Os Chineses Tais Quais São*, um método engenhoso dos médicos chineses para o tratamento da *escoliose**.

Este método consiste em exercícios musculares associados a inspirações profundas e prolongadas, de modo que os músculos da respiração servem de sustento aos grupos musculares situados em torno da coluna vertebral.

Há milhares de anos, os hindus praticavam a respiração profunda e chegaram, graças a ela, a adquirir poderes, cuja extensão é verdadeiramente prodigiosa.

Admitem que, a certas horas e sob certas influências, respiramos por uma narina somente, ao passo que, a outras horas e sob outras influências, respiramos pela outra.

---

* Desvio lateral da espinha.

Sua teoria é muito complicada para que nela me detenha. Contento-me com remeter o leitor desejoso de conhecer esta parte da ciência à obra de E. Bosc, intitulada *Livro das Respirações*.

Alguns americanos, que ensinam o *magnetismo pessoal*, afirmam que as forças necessárias para desenvolver e manter este poder se acham exclusivamente no ar, de onde cada um de nós pode tomá-las por meio da respiração convenientemente praticada.

Apesar do exagero, esta afirmação contém uma grande parte de verdade. O ar atmosférico, carregado, durante o dia, do magnetismo positi-

Fig. 16. Posição sobre a nuca.

Fig. 17.

vo da luz solar, e à noite, do magnetismo negativo da luz lunar; cheio de eletricidade e deste magnetismo que imprime à bússola a direção norte ao sul; repleto de gases, de pensamentos, de idéias, de influências e forças físicas e psíquicas que escapam à nossa análise — este ar é certamente o reservatório mais vasto e pleno do qual podemos colher as energias que nos são necessárias.

Habituando-se a respirar, pode o homem, como já o afirmaram os autores citados e outros ainda, chegar rapidamente a desenvolver em si a força física e moral em grau muito elevado.

Para adquirir este hábito direi que os exercícios, quaisquer que sejam, devem fazer-se sem fadiga; deve-se, no princípio, praticá-los prudentemente, a título de ensaio, depois, com mais energia, até chegar a um adestramento progressivo.

Vou indicar o método que me parece mais racional.

Os processos indicados por Gebbardt são excelentes, sobretudo no princípio; aconselho ao leitor familiarizar-se com cada um deles, e depois combiná-los com os seguintes, aos quais dou preferência:

Exercícios respiratórios. — Antes de mais nada, a pessoa deve procurar respirar longamente, de maneira constante, uniforme, profunda; dando aos movimentos respiratórios o ritmo lento e regular dos grandes sopros. O peito e o abdômen devem erguer-se e baixar-se regularmente. As espáduas devem ficar imóveis. A boca deve permanecer fechada para deixar entrar e sair o ar pelas narinas somente, que se dilatam e contraem com a regularidade de uma máquina de precisão.

Os exercícios de respiração profunda diferem dos exercícios de respiração normal pela duração da inspiração e da expiração que devem prolongar-se o máximo e separar-se uma da outra por intervalos igualmente longos.

A respiração pode ser praticada a qualquer hora do dia ou da noite, de pé, sentado ou deitado. Aconselho a última posição.

Estendido confortavelmente de costas, na cama ou numa *chaise-longue*, com as roupas folgadas e bem à vontade, isolar-se primeiramente do mundo exterior durante quatro ou cinco minutos.

Distender os membros, relaxar os músculos e procurar desembaraçar-se o mais possível dos laços físicos; depois, pôr toda a atenção na respiração, que divido, para este exercício, em três tempos: *inspiração, um tempo de retenção do fôlego e expiração.*

A inspiração deve fazer-se muito lentamente, elevando-se progressivamente o peito e o abdômen como para abri-los e deixar entrar o ar profundamente e em grande quantidade. Já não podendo continuar a aspirá-lo, parar para prender a respiração o maior tempo possível, deixá-lo agora sair lentamente, baixando o peito e o abdômen como para expelir todo o ar que contiver ou puder conter.

Não é tão fácil como se pensa esta respiração, pois temos sempre a tendência de executar os movimentos demasiado depressa. Todos os esforços devem, portanto, concentrar-se em aumentar a duração dos três tempos de respiração profunda.

No princípio, os músculos da face se contraem e fatigamo-nos depressa.

Cumpre que a pessoa repouse e se convença da importância deste exercício; que o recomece e descanse uma vez mais.

Os órgãos abrandam pouco a pouco; as dificuldades do princípio desaparecem; e em lugar de fatigar-se, provará um sentimento de calma e de bem-estar, acompanhado da maior ou menor soma de força física e moral.

Para o desenvolvimento da energia da vontade. — Praticando os exercícios preliminares duas ou três vezes por dia, e fazendo todo o possível para aumentar a duração de cada um dos tempos da respiração, se a pessoa quer desenvolver a energia da vontade, vai se impor tarefas cada vez mais difíceis.

Obrigar-se, por exemplo, a respirar dez vezes em seguida, sem parar, pondo doze segundos para executar a inspiração, doze segundos para a retenção do alento e doze segundos para a expiração. Ao todo: trinta e seis segundos.

No fim de seis a oito dias, em lugar de respirar dez vezes, em seguida, sem repouso, respirará doze, depois quinze vezes.

Mais tarde, mantendo o tempo de retenção do sopro, se levará a duração da inspiração, como a da expiração, a quinze, vinte e mesmo a vinte e cinco segundos.

Fará, no princípio, dez respirações completas antes do repouso, depois doze, quinze, dezoito, vinte e mesmo vinte e cinco.

Convém esforçar-se por aumentar a duração da inspiração e da expiração, bem como o número das respirações completas, sem repousar.

Fazer igualmente esforços por elevar e abaixar o peito e o abdômen.

Convém procurar fazer todos esses exercícios com uma só narina, tapando a outra, ora com a direita, ora com a esquerda.

Os resultados desses exercícios são prodigiosos. Executados com regularidade, duas a três vezes por dia, durante seis ou oito semanas somente, dão um sentimento de força física e moral que se estava longe de perceber.

Desde os primeiros exercícios, a expressão do rosto se modifica, o olhar revela a tranqüilidade e o coração fica cheio de esperança.

A pessoa desenvolve-se dia a dia.

As forças físicas e morais aumentam, a energia cresce, a atividade redobra-se, desaparecem pequenas indisposições e a saúde se fortalece. A pessoa fatiga-se menos na execução de trabalhos penosos; enfrenta o calor e o frio sem temer resfriados. Torna-se menos impressionável, mais confiante e corajosa; as emoções que deixavam impressão penosa durante um tempo mais ou menos longo, já não causam senão leves efeitos, que desaparecem rapidamente.

Procedendo com calma e método, a pessoa pode melhorar quase todas as afecções orgânicas em estado crônico e curar algumas completamente, sobretudo as dos pulmões, coração, estômago e intestinos.

Da mesma maneira, a anemia, as irregularidades menstruais das mulheres e todos os casos de incompleta ou irregular circulação, bem como perturbações nervosas, de tão desastrosas conseqüências. Vejamos, agora, o que se pode obter para fazer cessar o efeito das emoções violentas que não teriam completamente desaparecido sob a ação da respiração profunda.

Algumas palavras de teoria são ainda necessárias para fazer compreender o mecanismo dos meios a serem empregados para isso.

Como o animal, o homem tem o instinto da conservação. Em presença de uma causa que ameace a sua vida, que lhe possa provocar uma dor, uma sensação desagradável, ele prova uma emoção mais ou menos grande e muitas vezes tem *medo*.

Os efeitos da emoção não são os mesmos em todos os indivíduos; aqueles que têm uma vontade poderosa, guardam seu sangue-frio no momento do perigo, dominam as impressões, ajustam as suas forças para empregá-las utilmente e mesmo lançam mão de outras do meio ambiente.

Contrariamente, aqueles que não têm vontade forte, não conservam o sangue-frio, alarmam-se e ficam dominados por suas impressões. Resulta disso uma incapacidade maior ou menor para resistir ao perigo; e perturbações graves como a histeria, a epilepsia, a paralisia, a loucura e até mesmo a morte podem ser sua conseqüência.

Nestes últimos, todas as funções são mais ou menos perturbadas: a circulação e a respiração são aceleradas, o coração bate com violência, a face empalidece, os vasos capilares mais delicados do rosto se contraem e remetem o sangue para as partes profundas, que se congestionam.

As artérias e veias ficam cheias de sangue e o cérebro pode perder completamente sua aptidão para governar o organismo. A força nervosa acumula-se nos plexos e mais particularmente no plexo solar; a vítima experimenta uma impressão de peso e empacho, mal-estar, ansiedade mais ou menos grande na região do estômago, que parece ter recebido um choque violento.

Estas sensações desagradáveis duram pouco ou muito. Quando se prolongam, o doente pode fazê-las cessar rapidamente, restabelecendo a circulação abdominal, que está profundamente perturbada.

Que fazer para isso?

Primeiro, aqueles que praticam a respiração profunda, segundo as regras que acabo de expor, tornam-se cada vez mais capazes de dominar as suas impressões.

As emoções leves, que deixavam anteriormente certo mal-estar, já não deixam mais, e as mais violentas, que eram seguidas de perturbações profundas, não deixam senão perturbações pouco intensas.

Estas podem desaparecer rapidamente com a prática da respiração profunda de seis a oito minutos, após um isolamento de minutos.

Mas há um processo ainda mais expedito, que se pode chamar o primeiro princípio da *dança do ventre,* e que é apenas uma forma da respiração profunda.

Esta dança pode ser praticada estando o indivíduo de pé, sentado ou deitado, como na respiração profunda; prefiro a última posição.

Faz-se igualmente em três tempos: elevação, repouso, abaixamento; mas cada tempo não deve durar mais que dois segundos.

Os movimentos de elevação devem corresponder com a expiração; o abaixamento com a inspiração.

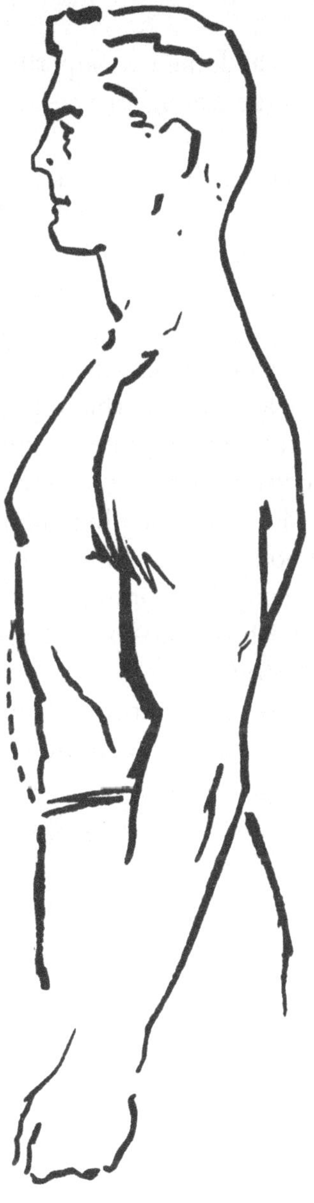

Fig. 18. Dança do ventre.

Como o mostra a linha pontilhada da figura 18, devem limitar-se ao abdômen ou, quando muito, à parte inferior do peito.

O efeito é imediato e sua teoria, totalmente fisiológica, de fácil compreensão.

Pelos movimentos do abdômen, as superfícies interiores tocam-se e friccionam-se. O efeito desta massagem é cessar a congestão e restabelecer a circulação.

Uma fricção rotatória ligeira, praticada primeiro sobre o estômago, depois no ventre, por qualquer pessoa, produz efeito análogo, principalmente se esta pessoa sabe magnetizar.

Um ímã — um plastrão magnético de duas ou três lâminas — aplicado habitualmente para excitar, na região do estômago, fortifica o plexo solar e contribui muito para a diminuição da impressionabilidade habitual.

Os medos doentios e as fobias mórbidas podem igualmente desaparecer; mas convém praticar regularmente a respiração profunda, combinada com a dança do ventre e ajudada pelo raciocínio.

Termino este capítulo, um pouco longo talvez, com alguns conselhos relativos ao que se pode chamar: *Higiene de respiração.*

O nariz desempenha papel importante na respiração; é ele que filtra o ar para que a laringe e os brônquios o recebam tão puro quanto possível e na temperatura requerida.

Se o nariz está fechado, mesmo incompletamente, desempenha mal suas funções, e a pessoa, neste caso, acha-se exposta aos males da garganta e do ouvido, bem como às afecções pulmonares.

Convém assoar-se freqüentemente até que as narinas funcionem livremente.

Se a respiração não se torna livre por este meio, convém tomar pitadas de cânfora, de tabaco, de mentol, misturados com ácido bórico e fazer irrigações nasais com água salgada (uma colher de sobremesa de sal de cozinha para 1/2 litro de água fervida tépida).

Se a dificuldade de respirar pelo nariz persiste durante algumas semanas, fora dos casos de resfriados, as fossas nasais podem ser a sede de obstáculos materiais, de pólipos, por exemplo. Nesta circunstância, torna-se necessário um médico.

Não convém fechar as duas narinas quando a pessoa se assoa, porque o muco nasal, violentamente comprimido, pode ser lançado no ouvido médio pela trompa de Eustáquio e originar uma otite, que poderia causar a surdez.

Ao assoar-se, as narinas devem estar abertas e é bom descarregá-las sucessivamente uma após outra.

É perigoso tragar o muco nasal que cai na garganta, pois este, carregado de princípios tóxicos destinados à expulsão, pode tornar-se causa de doenças do tubo digestivo.

Em geral, nossa saúde é tanto melhor quanto mais puro é o ar que respiramos.

Em um quarto pequeno, onde dormem várias pessoas, o ar torna-se logo viciado pelo ácido carbônico lançado na expiração; e, nestas condições, esse gás é um veneno para o organismo.

Conviria que a pessoa dormisse em um quarto grande, bem arejado, exposto ao sol; mas não temos todos a vantagem de possuir um quarto desta natureza.

Podemos, todavia, remediar o inconveniente, tomando certas precauções.

Primeiro deitarmo-nos na direção norte-sul, com a cabeça para o norte e os pés para sul, e, em caso de impossibilidade, a cabeça para leste e os pés para oeste; habituarmo-nos a dormir com a janela aberta em qualquer estação do ano, e a não temer o frio nem a umidade.

Todavia, por ocasião de frio intenso ou durante as chuvas, aqueles que não quiserem dormir com a janela aberta poderão fechá-la; mas deverão tomar a precaução de deixar a porta do quarto aberta tanto quanto possível.

Não deixar nenhum braseiro aceso no quarto de dormir, pois a combustão consome o oxigênio que nos é necessário e deixa no lugar dele o óxido de carbono, que é matéria venenosa.

Não deixar candeeiro nem mesmo vela acesa, pois ao arder-se, uma simples vela consome mais oxigênio que o necessário para a respiração do homem.

Afastar os animais e levar os vasos de flores para um quarto vizinho, pois tanto os animais como as flores respiram e viciam a atmosfera.

O quarto não deve conter senão os móveis indispensáveis, nem ser guarnecido de tapetes, cortinas e outros gêneros de tapeçarias, que são alojamento de pó e viveiros de micróbios e, por conseguinte, focos de infecção.

A palavra e o canto constituem, para o pulmão, uma ginástica natural.

Os pais deveriam fazer seus filhos cantarem, desde os seus mais tenros anos; porquanto, pela respiração, que ele prolonga e torna melhor, o canto bem compreendido é uma fonte de força e saúde.

Via de regra, a tísica pulmonar não se encontra, ao que parece senão raramente, nos cantores profissionais.

8

Olhar magnético

Os olhos exercem influência, e sabemos que há certos indivíduos cujo olhar se suporta com dificuldade.

É pela ação do olhar que o cão prende a perdiz e que a serpente fascina o pássaro e o atrai.

No domador, o olhar constitui a arma que impõe respeito às feras de sua coleção.

Julgou-se que o olhar de certas pessoas produz uma influência desagradável e mesmo prejudicial, dando-se a esta influência o nome de *mau-olhado*.

Exagerando esta propriedade do olhar, considerada sob o seu pior aspecto, compreende-se, facilmente, que, no tempo da bruxaria, constituía ela o poder dos *jettatori*, feiticeiros que se acreditava lançassem feitiços pela ação maléfica do olhar.

Admitindo-se que o olhar de certas pessoas possa influenciar outras de modo desagradável, pode-se também conceber que o olhar doce e benevolente de um indivíduo simpático, de saúde equilibrada, exerça influência benéfica.

Com efeito, como o demonstrei no segundo volume de minhas *Teorias e Processos*, o olhar lançado a uma distância de alguns metros, docemente, mas com certa energia, com um fim determinado, exerce uma ação das mais evidentes que o magnetizador aplica constantemente na cura das doenças. O olhar de alguns animais exerce, mesmo sobre nós, em certas circunstâncias, uma ação muito enérgica.

Conheci uma jovem sensitiva que se comprazia em contemplar as cobras do *Jardin des Plantes*, provavelmente porque experimentava, com isso, efeitos análogos aos da magnetização.

Colocada a cerca de um metro da jaula do réptil, se este a olhava fixamente, era atraída e vinha-se unir estreitamente à grade.

Era preciso tirá-la dali e soprar-lhe na fronte para voltar ao estado normal, pois, ao cabo de alguns minutos, ficava mergulhada no mais profundo sono magnético.

Escreve Van Helmont que, se um sapo for colocado num vaso profundo, de onde não possa sair, e sendo olhado fixamente, faz todos os esforços para evadir-se, porém, não o conseguindo, volta-se para o hipnotizador, fita-o fixamente, irrita-se e cai fulminado, ao cabo de um tempo mais ou menos longo.

O Pe. Rousseau, um capuchinho erudito e médico de Luís XIV, verificou, sob diferentes formas, a observação de Van Helmont e achou-a em grande parte exata.

Depois de ter repetido a experiência certo número de vezes, observou que o sapo algumas vezes morria, porém muitas vezes também resistia à prova.

Se acreditarmos no que este experimentador conta em uma obra intitulada *Segredos e Remédios Experimentados*, que publicou em Paris, em 1697, uma dessas experiências lhe ia sendo fatal.

Se bem me lembro, eis o que aconteceu: Um sapo, provavelmente mais robusto que outros, dando sinais de superexcitação, resistiu à ação mortal do experimentador. Este renovou a experiência; mas, sofrendo, por sua vez, a ação do animal, caiu sem sentidos e o seu criado encontrou-o quase morto algumas horas mais tarde. Tornando a si, lembrou-se de que o sapo furioso dardejava sobre ele os seus olhares ameaçadores; e de tal forma o fazia que, no fim de um momento, se sentiu dominado por uma força que parecia emanar do animal. Quis resistir, mas, vencido por um estranho mal-estar, perdeu os sentidos.

Se o olhar é suscetível de exercer uma ação tão poderosa, deve, por outra parte, prestar excelentes serviços, sobretudo quando a personalidade magnética é desenvolvida a um certo grau.

Com efeito, Papus (*Tratado Elementar de Magia Prática*) e os autores americanos — sobretudo Turnbull e Atkinson — atribuem-lhe uma importância considerável.

"De todos os meios de que dispõe o homem para influenciar os outros — diz este último —, o olhar é certamente o mais poderoso. Não serve somente para reter a atenção da pessoa com quem conversamos e, por conseguinte, para facilitar a influência que podemos exercer sobre ela; é também uma potência que pode, quando bem compreendida e dirigida, agir diretamente sobre o interlocutor. Ele atrai, fascina, subjuga mesmo os mais capazes de resistência e luta.

"O olhar, quando atinge toda a força de penetração e influência de que é suscetível, é uma arma temível.

"Transporta, comunica aos outros as vibrações do pensamento e o fluido vital, cujo reservatório é o cérebro.

"Aplicada às feras, esta força do olhar é soberana. Prende, subjuga, acabrunha e aniquila o animal mortífero. A sua ação não é menor no homem, mas deve ser inteligentemente aplicada e dirigida." *(A Força do Pensamento)*

Admite o mesmo autor que o olhar magnético não é natural no homem e que não se adquire, a não ser pelo estudo e esforço.

"Uma vez adquirido, se estiver concentrado na pessoa que se quer influenciar, exerce uma ação análoga à fascinação ou atração hipnótica... É a expressão de uma vontade forte, por olhos cujos músculos e nervos foram se desenvolvendo progressivamente até chegarem a um grau de fixidez e força excepcional."

Para adquirir o olhar magnético e tornar-se capaz de influenciar por este meio seus semelhantes, segundo seus desejos, é necessário que o homem se exercite e se adestre a fazer certo número de exercícios, sobretudo a fazê-lo firme e inteligentemente como para fazer penetrar a sua ação no interior.

Convém que tenha muita energia e persistência, mas todos os esforços devem ser feitos interiormente, sem que se revele exteriormente por qualquer piscadela das pálpebras, pela menor contração dos músculos da face e mesmo pela mínima tensão de espírito.

A respiração deve ser regular e a expressão do rosto calma e tranqüila, como a que se toma naturalmente, quando se presencia alguma coisa agradável.

A fim de desenvolver a potência magnética do olhar, vou dividir os exercícios em *preparatórios* e *práticos*.

1. Tomar uma folha de papel e traçar no centro um ponto negro, de um centímetro de diâmetro, e fixá-la na parede a uma altura de cerca de um metro e vinte.

Sentar-se, à vontade, a dois metros da folha e bem defronte a ela; fixar o olhar no ponto o maior tempo possível, *não pensando senão nele e sem desviar a vista*. Se sentir necessidade de piscar, eleve ligeiramente as pálpebras para evitá-lo.

Aqueles que estão habituados a magnetizar, a *isolar-se* e *a não pensar em duas coisas ao mesmo tempo*, conforme já me referi nos capítulos 3 e 4 desta Parte, farão logo este exercício, sem grande fadiga, durante dois ou três minutos, e não tardarão em fazê-lo facilmente durante cinco, dez, quinze minutos e mesmo mais.

Os que começarem seu desenvolvimento magnético por este exercício, chegarão ao resultado mais dificilmente.

Para evitar um excesso de fadiga inútil e mesmo prejudicial, estes últimos farão bem em habituar-se a fixar primeiro o ponto negro durante um só minuto, no fim do qual deverão repousar, para recomeçar três ou quatro vezes em seguida.

Quando chegarem a fazer desembaraçadamente este exercício quatro ou cinco vezes em seguida, durante um minuto, habituar-se-ão a fazê-lo durante dois minutos e a repousar um, para recomeçar duas ou três vezes nas mesmas condições.

Aumentar, em seguida, progressivamente, a duração do exercício até chegar com facilidade a fazê-lo, sem nenhum repouso, cinco, dez e mesmo quinze minutos.

Os que não conseguirem concentrar o pensamento na única idéia de olhar o ponto negro, poderão, para se ajudar, contar mentalmente 1, 2, 3, 4, 5 e assim por diante até que lhes sobrevenha a fadiga.

Chegarão facilmente a contar até 100, depois até 200, 300 e mesmo subirão a 500. Chegados aí, tendo cessado de fixar o ponto negro nas condições prescritas, se esforçarão para o fixar contando até 800, depois até 900, subindo até 1200 ou mesmo 1500.

Este exercício não se faz certamente sem tédio e fadiga; mas convém vencer todas as dificuldades. É a este preço que se desenvolve a potência magnética do olhar e se aumenta a energia da vontade.

2. Para habituar-se a olhar de lado, sem parecer que o faz, desloque o papel um metro para a esquerda, sente-se na cadeira, na posição do exercício anterior, e fixe obliquamente o olhar no ponto, sem que a face se afaste da primeira posição.

Coloque a folha um metro à direita da primeira posição e repita o exercício, dirigindo o olhar obliquamente para a direita, sem virar o rosto para o lado que você olha. Repita estes exercícios um após outro, até que possa executá-los sem se cansar, durante cinco ou seis minutos.

3. Torne a pôr a folha de papel no mesmo lugar que ocupava na primeira experiência, sente-se em frente a ela e olhe fixamente o ponto negro, movendo circularmente a face, da esquerda para a direita, por alguns minutos, e depois da direita para a esquerda.

Este exercício dá flexibilidade e fortalece os nervos e músculos dos olhos.

4. Substitua na parede bem iluminada a folha de papel por um espelho ou ponha-o sobre uma mesa diante de si, a uma distância de cinqüenta ou sessenta centímetros.

Dirija o olhar para a imagem refletida no espelho, fixando a raiz do nariz, a parte que fica entre os dois olhos, como se quisesse ver um ponto no interior do cérebro. É o que Turnbull denomina o *olhar fixo central*.

Este exercício é muito importante, pois além da educação do olhar propriamente dita, dá ao homem o poder de sustentar o olhar dos outros e de corrigir as imperfeições da expressão facial.

Estes quatro exercícios podem ser praticados de pé; e os que não os acharem suficientes para o desenvolvimento do olhar magnético, poderão imaginar outros.

Quando o aluno consegue fazê-lo facilmente durante dez ou doze minutos, acha-se apto para realizar todos os exercícios seguintes.

EXERCÍCIOS PRÁTICOS

1. Estando num salão, numa igreja, no teatro ou em outro lugar de reunião, onde muitas pessoas estejam sentadas, uma diante da outra, fixe o olhar nas costas de uma pessoa que estiver à sua frente, a uma distância de dois e mesmo três metros, *concentrando* toda a energia na idéia de influenciá-la e fazê-la voltar-se.

Se a pessoa é impressionável e sensitiva, você conseguirá realizar seu objetivo em menos de um minuto.

Se, pelo contrário, ela é pouco sensível, será preciso um tempo mais ou menos longo. Mas é raro não se obter o resultado em três ou quatro minutos.

Vê-se primeiro a pessoa encarada fazer alguns movimentos de ombros e tremer, como se experimentasse uma leve coceira.

Esta sensação aumenta, torna-se mais nítida, incomoda e obriga quase sempre a pessoa a levar a mão ao ponto visado e, freqüentemente, a voltar-se como que consciente de que a tocam e desejosa de impedir tal ação.

Pode-se dirigir a ação de ambos os olhos às omoplatas ou a um ponto único, como por exemplo a uma das primeiras vértebras dorsais.

2. Tendo sido levada a bom termo algumas vezes a experiência precedente, quando você se achar com o paciente no mesmo lugar, pode tentar a mesma experiência quando andar na rua, por exemplo.

Para isso, fique a uma distância de dois metros, mais ou menos, atrás da pessoa que escolheu para paciente, ande no mesmo passo que ela e fixe seu olhar nas costas dela com a energia e intenção obstinadas. Com grande surpresa, você verá que, três ou quatro vezes em cinco, a pessoa visada se voltará para você, ao fim de alguns minutos, e o olhará, muitas vezes com ar acusador, como se tivesse compreendido que é você quem a incomoda.

3. Levada a bom termo a última experiência, você pode fazer com que a pessoa que anda na sua frente, nas mesmas condições, se volte para a direita ou esquerda. Formulando claramente em seu pensamento a idéia de *direita* ou *esquerda*, você chegará facilmente a fazer com que o paciente execute o que você lhe ordena.

4. Escolha, num veículo público, uma pessoa sentada no lugar oposto ao seu e que se ache à direita ou à esquerda de outra, que estiver à sua frente.

Finja que você quer olhar para a frente, de modo a parecer-lhe que não a vê; mas olhe-a obliquamente. Dirija-lhe uma corrente mental tão forte quanto possível e diga a si mesmo, com toda a energia de que é capaz, que *quer que ela olhe para a sua direção.* Se a experiência for bem feita, o resultado será invariável: a pessoa escolhida por paciente o olhará inevitavelmente.

Algumas vezes, parece que o olhar da pessoa não se dirige a você e o toca muito de leve; mas na maior parte quase sempre este olhar será vivo, concentrado e penetrante, como se o paciente tivesse consciência da influência que você exerceu sobre ele.

A pessoa que obedece, assim, à sua ordem mental, parecerá, na maioria das vezes, embaraçada e nervosa, quando encontrar o seu olhar; terá o sentimento de uma força que a domina, de uma vontade que a subjuga, e sua atitude exprimirá muito bem este sentimento. (Atkinson)

5. Vá até a janela e olhe uma pessoa que passa. Se a fixar com energia bastante, exprimindo a vontade de que ela erga a cabeça e o olhe, ela o fará quase infalivelmente.

Sete vezes em dez, no mínimo, ela obedecerá ao seu apelo mental, se seu poder magnético chegou a um grau de desenvolvimento suficiente.

Este resultado dependerá, em certa medida, da escolha de sua posição. Será, por exemplo, muito mais sensível e pronto, se você estiver numa janela do primeiro andar, do que numa outra do quarto andar, por exemplo.

A experiência pode ser feita com o mesmo êxito em condições inversas.

O paciente pode ser, não um transeunte, mas uma pessoa que estiver numa janela.

Neste caso o fluido age de baixo para cima e o operador está em movimento, enquanto que o paciente está imóvel. (Atkinson)

Dois elementos de ação entram em jogo na última série de experiências: o *poder magnético do olhar* e a *concentração do pensamento.*

Quando o hipnotizador faz com êxito essas experiências, numa proporção de uma sobre duas vezes, pode dominar outras mentes e impor-lhes sua vontade. E para verificar este poder, leva a cabo com facilidade outras experiências.

Pode-se escolher para sujeito das experiências um amigo ou uma pessoa qualquer de que se queira obter um favor ou, de preferência, um objeto ao qual ela tenha apego especial. Concentrando o pensamento na idéia de que o paciente deve entregar-nos tal objeto, e sem que ele suspeite da influência que se pretende exercer sobre ele, colocamo-nos diante dele e referimo-nos à satisfação que experimentaríamos se possuíssemos o referido objeto, nem que fosse por alguns minutos. Fixa-se desta maneira o objeto da experiência, com brandura e persistência, como para fazer penetrar em seu cérebro a idéia de satisfazer nosso pedido.

Se a penetração do olhar estiver suficientemente desenvolvida e a concentração do pensamento for bastante forte, nota-se logo que cada palavra exerce sobre o indivíduo uma espécie de efeito físico que atinge diretamente nossa finalidade. O interlocutor, que não tarda a ser subjugado mais ou menos completamente, dá-se por vencido e acaba por entregar-nos o objeto que desejávamos.

Os diferentes autores não estão de acordo no modo de se exercer o olhar magnético.

Quer Atkinson que fixemos os olhos nos do intelocutor, ao passo que Turnbull aconselha que os fixemos num ponto imaginário entre os dois olhos.

É o último modo de ação o que prefiro. Julgo-o mais intenso e tem, certamente, a vantagem de não permitir que o interlocutor suspeite de estar sendo sujeito a uma experiência e, por conseguinte, que oponha qualquer resistência.

Se os resultados que acabo de enunciar podem ser obtidos — e a pessoa pode ter a certeza absoluta de os obter com um pouco de prática — pode-se compreender como são importantes mesmo nas circunstâncias ordinárias da vida.

Eis um exemplo típico que fomos buscar em Turnbull:

"Tomemos o caso — diz ele — em que desejamos fazer uma boa impressão a despeito das circunstâncias.

"Suponha que você vai ter uma entrevista com um homem, cuja personalidade parece pesar sobre você.

"Suponhamos ainda que esse indivíduo pertença à classe dos homens de olhar insolente, de maneiras bruscas, pescoço taurino: um homem de importância em seu meio, mas inteiramente desprovido de sentimentos delicados... É uma tortura, como se pode bem conceber, para uma pessoa de sentimentos finos e elevados, ter que tratar com tal indivíduo, sobretudo para pedir-lhe um favor.

"Você pode, todavia, dominar esse tipo de indivíduo muito facilmente...

"Você aparecerá diante dele com um aspecto modesto e leal, dandolhe a entender que você poderá apresentar-se com um aspecto mais favorável se o quiser. O fato mesmo de ter consciência disso constitui uma força que transparece em seu semblante e o ajuda a influenciar ou a repelir a força contrária que ele lhe mandar...

"Convém que sua atitude não denuncie qualquer sinal de impaciência ou perturbação. Mostre-se afável, tranqüilo, senhor de si mesmo e não se mostre acanhado nem importuno.

"Quando falar com ele, olhe-o bem no rosto, entre os olhos, isto é, na raiz do nariz (fig. 19).

"Imagine que você está olhando ali um ponto infinitamente pequeno, que vê o ponto fraco de seu indivíduo; depois fale, como se estivesse falando para esse ponto, *entre os olhos do homem*.

"Olhe calmamente esse ponto, mas sem fixá-lo e sem cerrar as sobrancelhas. Você perceberá logo que o indivíduo parece embaraçado e o olhar dele se torna fugidio e incerto.

"Force-o a olhar fixamente para você enquanto você fala; mas assim que ele falar, baixe ou desvie os seus olhos. Olhe para o seu colete ou para outro lugar qualquer, exceto para os olhos dele. Escute-o respeitosamente, e, quando você principiar novamente a falar, procure ainda o pequeno ponto entre os olhos dele. Faça tudo isso sem demonstrá-lo, pois ele não pode, nem de leve, supor que você o submete a uma prova. É indispensável que a calma seja a sua nota dominante.

"Qualquer que seja o resultado da sua entrevista, fique convencido de que esse homem se lembrará de você, que causou nele uma forte impressão que ele procura desconhecer." *(Curso de Magnetismo Pessoal)*

Fig. 19. Para facilitar uma entrevista difícil.

Resulta da observação precedente que, para exercer todo o poder de que é capaz, a pessoa deve influenciar a outra com quem trata sem que esta o perceba; caso contrário, procurará resistir; se necessário, ela se retiraria e o negócio teria fracassado.

A discrição é aqui um dever absoluto.

Em princípio, o desenvolvimento da influência pessoal, sobretudo a do olhar e mais particularmente sua aplicação no domínio dos outros, deve ficar no mais rigoroso segredo, pois seus melhores amigos desconfiariam de você, o temeriam e mesmo evitariam a sua presença, se supusessem que você seria capaz de submetê-los à sua vontade.

Por outro lado, contar a todos o que fazemos e o que queremos fazer é malbaratar inutilmente nossas forças.

Algumas pessoas que usam óculos podem achar que este instrumento é suscetível de fazer desviar a potência magnética do olhar. Não o creio. Tudo me leva a admitir que, se a pessoa vê distintamente o ponto que quer visar, eles ajudam-na a concentrar neste ponto os raios magnéticos que emanam dos olhos. Ainda mais, dissimulam os esforços exteriores que a pessoa porventura fizer sobretudo no princípio, diminuindo, portanto, a possibilidade de que o interlocutor suspeite de suas intenções.

Algumas pessoas, que não compreendem os princípios do magnetismo pessoal, poderão, talvez, deduzir das últimas experiências que, quando a *penetração do olhar* e a *concentração do pensamento* são bastante desenvolvidas, podem obter das outras tudo o que desejam, mesmo contra o seu próprio interesse; que poderiam, por exemplo, obrigá-las a dar-lhes toda a sua fortuna ou parte dela. Vai nisto um erro profundo.

Primeiro, jamais ocorrerá a um magnetizador, desenvolvido segundo os princípios contidos nesta obra, a idéia de aproveitar-se de sua potência para cometer uma ação má.

Depois, se por circunstâncias imprevistas e excepcionais, cometê-la, não tardará a perder a maior parte da força que lhe atrai as boas coisas e exclui as más, tornando-se a vítima principal de sua imprudência.

Não se deve esquecer que o homem magnético tem sempre presente no espírito o preceito: "Não faça aos outros aquilo que não quer que lhe façam".

Este capítulo necessita ainda de um desenvolvimento maior, que daremos no capítulo seguinte.

9

Sugestão e auto-sugestão

A sugestão é o principal e único meio de ação empregado pelo hipnotizador, por exemplo, para obrigar os pacientes a comer batatas cruas por frutos deliciosos, fazê-los cometer crimes imaginários e obter deles o que quiser, para espanto dos tolos.

Se ela desempenha papel preponderante nos fenômenos de hipnotismo, não tem quase importância nos de magnetismo físico; e podemos mesmo afirmar, sem medo de sermos desmentidos pelo observador imparcial, que, nove vezes em dez, ela não exerce a mínima influência sobre estes.

Não pretendo dissertar sobre o hipnotismo, que considero uma sombra do magnetismo, o reverso da medalha, o lado mau, sobre o qual se agruparam, naturalmente, os inconvenientes que os magnetizadores souberam evitar, pois estes inconvenientes podem tornar-se perigosos em mãos impuras ou somente inexperientes.

Contentar-me-ei em dizer que, contrariamente ao que sustentam quase todos os hipnotizadores, observam-se duas espécies de fenômenos bem distintos: de um lado, o Magnetismo, cujo agente principal é um fluido ou movimento vibratório, comunicando-se por ondulações, do magnetizador ao magnetizado; de outro lado, o Hipnotismo, que não admite outro meio de ação além da sugestão, pondo em jogo a imaginação do hipnotizado.

Aqueles que quiserem conhecer o limite das duas ordens de fenômenos poderão colher informações no opúsculo de Berço, intitulado

Para Distinguir o Magnetismo do Hipnotismo (Analogias e Diferenças), o qual recomendo.

Em sentido figurado, a sugestão pode ser considerada como o joio do Evangelho, contendo um pouco do bom grão. O joio só é o mal que o hipnotizador pode fazer, sugerindo más idéias e fazendo experiências talvez divertidas para o público, mas sempre fatigantes e muitas vezes prejudiciais para o paciente, pois são suscetíveis de deixar nele impressões penosas, mais ou menos duradouras.

Mesmo querendo ser útil, sugerindo constantemente boas idéias, o hipnotizador pode ser prejudicial, pois toda sugestão tem sempre tendência a transformar o paciente em autômato, o qual perde, assim, pouco a pouco, o poder de se dirigir convenientemente por si mesmo.

O pouco do bom grão que pode ser separado do joio representa as vantagens que a sugestão, bem compreendida e perfeitamente aplicada com uma finalidade louvável e desinteressada, pode dar ao que é suscetível de recebê-la.

Não querendo perder nada, vou tentar separar o bom grão do mau, abandonar o último, dando àquele toda a importância que merece.

O que é sugestão?

Sugestão é a arte de fazer agir o moral sobre o físico, de impor uma idéia e assegurar a sua execução.

Admitindo que as idéias são forças, explica-se geralmente o seu mecanismo do modo seguinte:

Toda idéia aceita pelo cérebro transforma-se em ato, num prazo maior ou menor.

Esta explicação, de certo modo admitida por todos os psicólogos contemporâneos, é igualmente aceita pelos fisiologistas, que ensinam que toda célula cerebral movida por uma idéia age sobre as fibras suscetíveis de realizar esta idéia em ato. É o reconhecimento oficial desta afirmação dos antigos ocultistas: *Tudo o que entra no espírito sai pelos músculos.*

Há cinqüenta ou sessenta anos, a sugestão praticava-se exclusivamente durante o sono hipnótico; atualmente, os hipnotizadores pretendem sugerir tanto no estado de vigília como no de sono, afirmando que basta para isso o consentimento do paciente. Há, certamente, alguma coisa de verdadeiro nesta pretensão; em todo caso, é evidente que todos nós somos, mais ou menos, aptos para receber as idéias dos outros e imitar seus exemplos.

As idéias que nos vêm de fora, a saber, as que nos são impostas com um fim qualquer, constituem a *sugestão* propriamente dita, que se chama também *hetero-sugestão.*

Desde alguns anos, os psicólogos estenderam consideravelmente o campo da sugestão. Admitem, e se aceitamos a definição precedente devemos admitir com eles, que as idéias podem ainda vir de fora por outros meios e impor-se mais ou menos à nossa atenção. É o que se verifica, muitas vezes, na conversação, ou quando se escuta um conferencista eloqüente e simpático. Tanto num como noutro caso, ela se produz sempre daquele que fala ao que escuta, e tanto melhor quando o que escuta o faz de modo passivo, sobretudo quando é menos desenvolvido que o primeiro.

As sugestões que vêm de fora fazem-se quase sempre verbalmente; mas podemos fazê-las mentalmente, isto é, sem o auxílio da palavra ou de qualquer gesto exterior, apenas formulando interiormente nossa intenção, pensamento e desejo, para transmiti-los através do meio ambiente.

Como se viu precedentemente, a *sugestão mental* produz-se mais freqüentemente do que se pensa, sem o concurso da vontade.

Certos práticos, bem adestrados na matéria, fazem, com pacientes especiais, igualmente treinados, experiências admiráveis, explicadas na obra de Fabius de Champville, intitulada *Para se Transmitir o Pensamento.*

Estendendo mais ainda o campo da sugestão, que ameaça invadir todo o domínio do pensamento, os próprios psicólogos afirmam que, quando as idéias e impressões partem de nós, como as resoluções que tomamos livremente, existe *auto-sugestão.* Quase todos os fenômenos de consciência seriam, assim, tão-somente atos auto-sugestivos.

Que a sugestão venha de fora ou nasça em nós mesmos, os detalhes de seu mecanismo são fáceis de compreender por aqueles que conhecem o papel de cada um dos seres que compõem nossa tríplice individualidade.

O corpo físico não é senão mero instrumento do astral e do mental. É a ferramenta entre mãos de dois trabalhadores, que se substituem alternadamente, para fazer um trabalho que não exige, constantemente, as mesmas aptidões.

Como já o disse na primeira parte deste livro, as sugestões são atos executados pelo astral, a consciência inferior ou subliminal, o ser impulsivo ou subjetivo que dirige, completamente, em todo outro estado vizinho, no qual o mental, a consciência superior, o ser objetivo, não exerce nenhuma vigilância ativa.

No sono hipnótico, o mental, que repousa completamente, que está provavelmente ausente, não governa o organismo, e as sugestões entram, diretamente, sob a influência da vontade do hipnotizador, não na consciência superior, porém na inferior, e executam-se quase fatalmente, sem participação do mental, que as ignorou sempre.

Em qualquer outro estado vizinho em que o mental, sem estar ausente, não governa completamente, como no sonho, por exemplo, elas penetram de surpresa e tendem, mais ou menos, a ser executadas, pois o mental, que mal as conhece, opõe-lhe fraca resistência.

No estado de consciência plena, a sugestão pode ainda penetrar na consciência inferior, se esta está voluntariamente aberta, como quando o paciente pede que se lhe sugira uma idéia com um fim qualquer ou quando ele quer auto-sugestionar-se.

Consideradas sob um outro aspecto, as funções do mental e do astral formam, pouco mais ou menos, o que os filósofos chamam o *entendimento,* isto é, a inteligência e a sensação confundidas juntamente. Separadas uma da outra, como o fiz aqui, elas constituem a *função ativa* que pertence ao mental e a *função passiva* que é do astral.

As duas funções existem sempre juntas em todos os indivíduos mas em graus muito diferentes. O homem forte, resoluto, voluntário, de reação imediata, é, sobretudo, governado no estado de vigília pela função ativa que domina a outra; o irresoluto, que obedece instintivamente, de um modo automático, é, pelo contrário, governado muitas vezes pela função passiva.

O primeiro é o homem capaz de sugerir, de impor sua vontade e que não recebe senão poucas sugestões; o segundo está sempre mais disposto a receber as sugestões que se lhe dão, mais inclinado a obedecer que a comandar. Mas tanto um como outro recebem ou repelem constantemente, segundo seu grau de atividade, incitações sugestivas mais ou menos numerosas que lhes vêm de fora.

Qualquer que seja, aliás, a teoria da sugestão, desde que designe todos os atos da subconsciência, é evidente que se exerce em graus diversos na maior parte dos homens, no estado de vigília e mesmo, e principalmente, quando menos pensam nela.

Se é assim, devemos conhecê-la tanto para aproveitarmos as vantagens que pode oferecer, como para evitarmos os perigos a que nos expõe.

Daremos neste estudo maior importância à auto-sugestão, pois, do ponto de vista do desenvolvimento de nossa personalidade, é mais suscetível de prestar-nos os maiores serviços.

Auto-sugestão — Na obra *Educação Racional da Vontade*, P. E. Lévy atribui importância tão grande à auto-sugestão que a considera como única base de seu sistema de educação. Mas ele a apresenta como um fato grosseiro, material, que não discute do ponto de vista espiritual. Seu método, em todos os pontos semelhante ao que seus colegas, os hipnotizadores, empregam para impor, brutalmente, uma idéia ao seu paciente, tem qualquer coisa de árido, de incompleto, que nos deixa indiferentes: sente-se que o autor não se dirige ao presente senão para melhorar um futuro muito limitado.

Os autores americanos, que citei em primeiro lugar, mais particularmente Atkinson e Turnbull, são muito mais práticos, e seu método deve ser preferido por ser suscetível de dar melhores resultados, sobretudo no que concerne ao desenvolvimento da personalidade magnética. Com estes últimos, o experimentador tem a consciência de que caminha com passo firme, de etapa em etapa, para as profundezas infinitas do futuro, e que nada do que faz neste momento será jamais perdido.

Todavia, indicando sumariamente as condições que me parecem as mais vantajosas para obter mais facilmente da auto-sugestão o que ela é suscetível de dar, vou inspirar-me tanto em uns como em outros. A auto-sugestão pode sempre vencer o temor e a timidez, *para dar segurança e confiança em si. Pode dar energia e coragem aos que são fracos; permitir tomar bons hábitos em lugar dos maus; fazer desaparecer incômodos passageiros; diminuir a dor na maior parte das doenças orgânicas e curar certas doenças nervosas; aumentar a paciência; desenvolver e fortificar a vontade, etc.*

Para praticar convenientemente a auto-sugestão é necessário, mais ainda que para os exercícios precedentes, que a pessoa *se isole*, medite nos inconvenientes do defeito do qual se quer libertar e, sobretudo, nas vantagens da qualidade que deseja adquirir. Isto feito, *concentre o seu pensamento* no ponto principal, durante oito ou dez minutos.

Não convém transformar a tarefa que se empreende em um combate, que torna o insucesso algo penoso, nem contrair os músculos, nem cerrar os dentes, nem tomar um ar ameaçador; mas raciocinar com calma, mentalmente ou a meia voz, e mais, pôr a vontade em jogo o mínimo possível, somente para manter a atenção. Sentado ou deitado, e completamente à vontade, para que a função passiva assuma o governo do organismo facilmente. Reportando-nos à teoria precedente, compreendemos logo que a vontade poderia ser aqui prejudicial porque é uma função mental que não tem nada a ver com as sugestões que são recebidas e executadas pelo astral.

É preciso, em seguida, substituir no espírito as palavras pelas coisas que representam; dito de outra forma, materializar o pensamento, dando-lhe um corpo com formas tão bem definidas quanto possível; pôr este corpo em movimento, vê-lo sob todos os aspectos que ele pode apresentar; e para servir-me de uma expressão tomada à linguagem filosófica, tornar concreto este corpo criado pelo pensamento. Convém fazer como o artista que entra na pele da personagem que representa, pois que a ilusão faz o ofício de criador importante.

É indispensável que a pessoa já se imagine transformada no que pretende ser futuramente, possuidora dos hábitos que deseja adquirir, das vantagens que quer obter e, como dissemos há pouco, dar uma forma a cada um deles, *pensando de modo concreto.*

Assim, para fazer cessar o temor e obter uma confiança firme em si, não convém dizer: *não quero ter medo;* mas sim: *tenho toda a confiança em mim e no êxito do que vou empreender;* pois a vontade sozinha não é suficiente para fazer chegar ao fim almejado, senão em indivíduos de férrea energia, quando a função ativa tornou-se capaz de dominar completamente a função passiva. É preferível, para todos aqueles que não têm uma vontade inquebrantável, que esta se anule para deixar, durante o tempo que se dê à auto-sugestão, a direção do organismo à função passiva, empregar a afirmação pura e dizer-se convictamente: *Não tenho receio; minha timidez desapareceu, tenho toda confiança em mim, pois possuo tudo o que é necessário para vencer.*

Ainda que no princípio não lhes demos a menor fé — diz Lévy — estas fórmulas, repetidas maquinalmente, acabam por nos trazer, pouco a pouco, a idéia daquilo que representam.

"Depois nos aplicaremos a precisar esta idéia, a dar-lhe contornos mais nítidos, uma forma mais concreta, mais viva. Representar-nos-emos, ver-nos-emos como quiséramos ser, vigorosos, robustos, cheios de saúde. Quanto mais ganhar a idéia em precisão e relevo, mais nítida se fará a imagem e mais certa será sua realização. O que concebermos claramente será mais facilmente realizado.

"Muitas vezes se poderá fazer uma observação curiosa. Tratando-se, por exemplo, da dissipação de fenômenos dolorosos. A auto-sugestão acaba de ser feita, porém a dor persiste; parece que o resultado foi nulo. Algum tempo depois, casualmente, pensamos na dor e verificamos, com surpresa, que ela desapareceu. Seríamos tentados a explicar o fato atribuindo-o a uma coincidência, se não nos lembrássemos da intensidade da dor primitiva e se, por mais forte razão ainda, o fato não se reproduzisse muito freqüentemente.

"O que aconteceu? Depositada a idéia no espírito e desviando-se de toda a atenção consciente, não deixou, todavia, de seguir o seu caminho; pouco a pouco, ela foi anulando o sintoma que queríamos combater e acabou por triunfar completamente sobre ele.

"Em realidade, a dor desaparecera de tal forma que a sua própria recordação se desvaneceu; provando-se mais uma vez, como se fosse necessário, que a idéia de uma dor e esta mesma dor se confundem.

"Suponhamos, agora, que o pensamento não foi tomado da sugestão que se fez. Ficaríamos na primeira convicção de que a auto-sugestão frustrou-se. Existe aí, compreende-se, um escolho, e esses fatos devem ser bem conhecidos e cuidadosamente controlados na ocasião por quem quer compenetrar-se bem da realidade e da eficiência da auto-sugestão." *(Educação Racional da Vontade)*

Comentando e querendo, em seguida, aplicar as idéias de Payot sobre a meditação, o mesmo autor acrescenta:

"O recolhimento é exatamente o estado do espírito que se isola de todas as coisas, de todas as sensações, de todos os pensamentos, para se recolher inteiramente em si mesmo, e que na calma, sem tensão, sem esforços, sem fadiga, vivifica e fecunda algumas idéias previamente escolhidas, pela atenção puramente contemplativa que ele lhe confere. A pessoa poderá colorir e animar a idéia, imaginando o prazer que experimenta com o domínio de si mesma, o uso que poderá fazer da saúde recuperada, etc. Imaginaremos nitidamente as alegrias calmas do trabalho, a vantagem que há em regular harmoniosamente a vida, a satisfação que sentirão com nossos êxitos as pessoas que se interessam por nós, etc. Todos estes sentimentos, atraídos progressivamente da penumbra à plena luz da atenção que projetamos sobre eles, atenuarão, paulatinamente, o brilho dos sentimentos opostos, acabando por dissipar-se por completo". *(Educação Racional da Vontade)*

A auto-sugestão não é tão fácil de praticar-se como julgamos de início.

Cheias de um nobre ardor, há muitas pessoas que se dão com afinco à tarefa de praticá-la convenientemente durante alguns dias e tirar dela algum proveito. Mas, no fim de oito a dez dias, sem saber por que nem como, abandonam o propósito e não pensam mais nele.

"Ora — continua Lévy —, aí está o ponto essencial: convém que a pessoa se habitue a pensar na auto-sugestão. Esta tarefa ser-lhe-á facilitada pela observação da regra seguinte:

"Desde o primeiro dia, praticar com bastante regularidade duas auto-sugestões: uma de manhã, ao acordar; e outra, à noite, no momento de dormir. Estas duas sugestões servirão, de algum modo, como ponto de referência; elas não devem ser deixadas de lado sob qualquer pretexto, ainda que se tenha necessidade ou pressa de se levantar ou de dormir.

"Esta energia regularmente feita contra a nossa preguiça natural, e esta pausa imposta a todos os nossos pensamentos e preocupações, já representam um excelente exercício da vontade.

"Devemos proceder, primeiro, a uma espécie de *exame de consciência* física e moral; crítica do dia passado, preparação do dia seguinte, recapitulação das modificações que desejamos fazer em nossa maneira de ser atual, qualidades que queremos adquirir, manter e desenvolver. Depois virá a auto-sugestão propriamente dita... e então nos aplicaremos cuidadosamente a conformar-nos com as regras indicadas. Ela será, tanto quanto possível, continuada até que as palavras pronunciadas o sejam com toda a sinceridade ou, dito de outra forma, até que tenham despertado completamente as idéias correspondentes...

"O hábito de sugestionarmo-nos afirma-se pouco a pouco. Os próprios fracassos servem de lição ao estudante, porque mostram a necessidade de impregnar o espírito dos diversos processos, que lhe permitem variar ou reforçar a ação da auto-sugestão. Ele se fará mais hábil na arte de sugestionar-se e, assim, se deixará menos facilmente subjugar pelas sensações, pelas paixões, chegando mesmo, algumas vezes, a fazer delas as suas auxiliares..." (*Educação Racional da Vontade*)

Os processos recomendados por Atkinson completam vantajosamente os do autor precedente.

"Estenda-se — diz ele — numa poltrona ou cadeira do modo mais confortável; e, nesta posição, estire-se e relaxe os nervos como se quisesse libertar-se de sua vestimenta carnal. Isto feito, respire com tanta lentidão e profundidade quanto possível e não cesse os exercícios de respiração até adquirir este estado de espírito que é o perfeito repouso e a absoluta serenidade.

"Concentre sua atenção sobre si mesmo e mantenha-se neste estado de recolhimento o maior tempo possível. Fixe então o seu pensamento nas duas palavras: *sem temor*, e procure imaginá-las em sua forma gráfica.

"Depois, passe da imagem ao seu significado e represente-se o que podem ser as características de uma pessoa que se acha neste estado. Imagine-se de posse da qualidade que quiser adquirir e já agindo sob o império dessa qualidade, considere-se, neste estado, em relação com os outros homens e procure analisar essas relações; em resumo, mantendo o estado de espírito de um homem que, depois de ter tido um sonho, vive-o e, para engrandecer sua vida e enobrecer sua natureza, procura receber altas impressões, sensações fortes e grandes sentimentos.

"E acontecerá quase sempre que o seu estado geral se transformará e sua personalidade se desprenderá do meio restrito em que você se acha. Você será, então, tal qual sonhou e o seu *eu* tomará a forma precisa e a estrutura moral que você ambicionou para ele.

"Repita esses exercícios tanto quanto puder. Cada um deles é como a gota de água que cai na pedra. Sua ação lenta, mas segura, acaba sempre por triunfar dos velhos hábitos e tendências rebeldes. Pratique esses exercícios, de preferência à noite, quando entrar em seu quarto ou durante a insônia, ou meio acordado, quando o seu espírito, recolhido em si mesmo, estiver aparelhado para receber todas as impressões e sugestões. Não tema que esses exercícios o fatiguem; eles lhe facilitarão, ao contrário, o repouso. Acalmando os seus nervos, tranqüilizando o seu espírito, eles o conduzirão mansamente ao sono...

"É um erro julgar que essas duas palavras — sem temor — sejam as únicas de que se possa fazer uso. Na realidade, a palavra que convém será a que exprime a qualidade que você quiser adquirir. Você é, por exemplo, indolente, apático e quer mudar sua natureza? Recorra à palavra *energia* e, durante todo o tempo das suas experiências, seus pensamentos deverão fixar-se nesta palavra e imaginá-la, para fixá-la melhor como que em forma gráfica. Poderíamos citar outras palavras, como, por exemplo, *bondade, coragem, desinteresse* que, igualmente, segundo os defeitos do seu caráter, seriam apropriadas para a experiência.

"Em todos esses exercícios, não se deixe dominar pelos defeitos que o acabrunham e não pense senão nas qualidades que intenta adquirir.

"Quando um quarto está em trevas, você não pega a obscuridade como um bloco para lançá-la fora. Você lança simplesmente mão da luz que dissipa as sombras e espalha a sua claridade por toda parte. Sucede o mesmo com o espírito.

"Haverá, pois, necessidade de dizer que este resultado não será instantâneo e exigirá, pelo contrário, esforços e experiências variadas?

"Você não deve, todavia, desanimar; é de toda sua energia, de toda sua inteligência, de toda sua vontade que depende a sua emancipação." *(A Força do Pensamento)*

Para adquirir a paciência e a confiança em si mesmo, recomenda Turnbull um processo que oferece os melhores resultados. Você tem, por exemplo, um negócio delicado a tratar amanhã, com uma pessoa intratável ou que você supõe como tal, sem a conhecer. Você pode facilitar essa entrevista e torná-la mais vantajosa do que pode supor. Para isso, estando num lugar qualquer, onde possa estar tranqüilo, em seu quarto, por exemplo, exerça sua influência sobre uma pessoa imaginária semelhante à que você conhece ou àquela que supõe que seja: imagine-a de preferência sentada, na atitude que tomará naturalmente na entrevista, e proceda do modo seguinte:

"Primeiro — diz ele — respire lenta e profundamente durante cinco minutos; aspire o ar com toda a força de seus pulmões, depois exale-o de modo lento e uniforme.

"Endireite-se e fale a seu suposto interlocutor. Você pode na ocasião se servir da sua própria imagem refletida num espelho ou confiar unicamente em sua imaginação no concernente à pessoa imaginária.

"Fale de maneira natural sobre qualquer assunto, por mais estranho que seja, mas prepare de antemão cada frase de sua conversação. Dirija-se, então, à pessoa imaginária com uma voz forte, firme e segura. Acentue bem cada sílaba, detendo-se nela um pouco. Convém que suas palavras ressoem e saiam diretamente do seu peito. Percorra o quarto a passos graves, agite os dedos, gesticule de um modo dramático, como o indicado na figura 20; enfim, diga e faça tudo o que desejaria dizer e fazer a essa pessoa, se ela estivesse presente...

"Meia hora deste exercício, quando se sentir abatido e quiser aumentar sua confiança em si mesmo, produz um efeito surpreendente.

"É muitas vezes útil servir-se assim do poder da auto-sugestão por meio da palavra falada em toda sua força, para obter um resultado concreto e definido. Peça o que você necessita; peça-o como qualquer coisa que lhe pertence e que lhe é devida." *(Curso de Magnetismo Pessoal)*

Este processo que se pode variar mais ou menos segundo as circunstâncias, é suscetível de prestar grandes serviços em muitos casos.

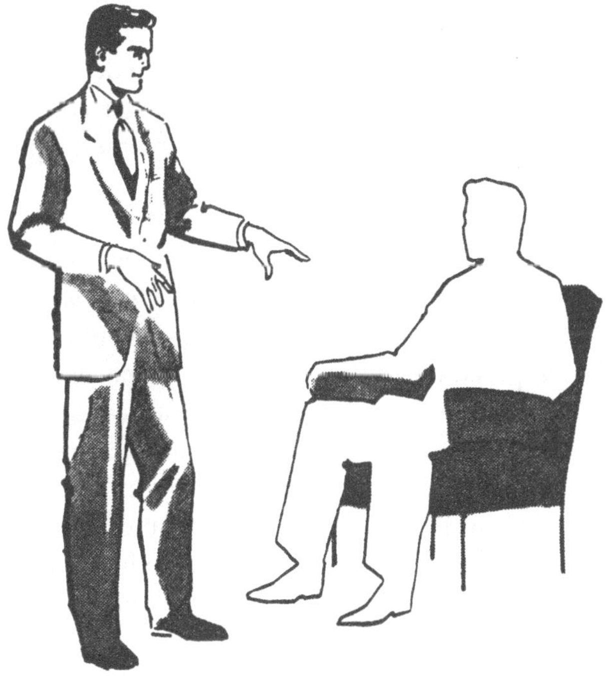

Fig. 20. Para adquirir firmeza.

Na véspera de um exame, por exemplo, imaginando estar diante do examinador que formula as questões do programa pouco conhecidas, procure respondê-las em todos os seus pontos com atrevimento e confiança de quem está seguro delas. A mesma atitude deve observar o conferencista ou orador que tenha de falar sobre um assunto determinado. Imaginando ter diante de si um grande auditório, mais ou menos disposto a ouvi-lo, fale em voz alta e inteligível, fazendo os gestos necessários para dar mais força à expressão.

Feito isso, ponha-se diante de um espelho e observe os seus gestos, corrigindo os que lhe parecem defeituosos. Esse processo, que pode parecer banal às pessoas que não sabem que atitudes devem assumir os que falam em público, é constantemente empregado por grandes oradores políticos.

Para se tornar melhor, convém que você resista às suas paixões e que não se deixe governar pelos instintos. Se, por exemplo, você é tomado facilmente pela raiva, você perturbará, assim, suas funções físicas e morais; ao fim de certo tempo tudo parece entrar na ordem, mas você terá adquirido maior predisposição à irritabilidade e ficará mais facilmente com raiva à menor contrariedade.

Se, pelo contrário, você resistir ao movimento de raiva, o seu organismo não será perturbado. Em todos os casos, ele o é consideravelmente menos e, se você não ceder jamais, acabará lentamente por se libertar da irritabilidade e a raiva perderá sua presa.

É a aplicação de uma lei moral que se pode formular assim:

Cada vez que o homem cede a uma paixão, a resistência a ela torna-se mais difícil, quando uma ocasião análoga se apresenta; cada esforço que você tem, pelo contrário, a reprimi-la torna a vitória seguinte mais fácil.

Lévy, que compreendeu muito bem esta verdade, assim se exprime:

"Se cada um dos nossos pensamentos, sensações, sentimentos, movimentos e atos não fosse apenas passageiro, simples resposta do organismo a uma solicitação exterior, desaparecendo com a causa mesma que o provocou, a vida seria apenas um perpétuo recomeçar; ou, para melhor dizer, ela mal seria possível, ficando o homem tão ignorante e inábil em todas as coisas como no dia em que nasceu. Na realidade, não há um só fenômeno produzido ou experimentado por nós que desapareça por completo. Todo fato físico ou psíquico, por mais leve que seja, causa-nos uma impressão e deixa em nós um resíduo.

"Este resíduo é uma tendência a reproduzir-se sob a menor excitação. Em suma, constitui-se, por este primeiro fato, um começo de *hábito*.

"Vem o mesmo fato a repetir-se. Acentua-se a tendência à revivescência. Mas, ao mesmo tempo, e por uma conseqüência natural, necessitando, para se produzir, de um esforço, de uma soma de atenção menor, o fenômeno perde o seu relevo e obscurece-se progressivamente na consciência. Enfim, no grau mais elevado, o hábito se afirma e deixa no indivíduo tão fundas raízes, que este, sem o saber, assimila-o completamente.

"O ato não só tende a reproduzir-se espontaneamente, mas também, se anteriormente eram necessários esforços para produzi-lo, agora seria necessário um esforço para impedir sua produção.

"O hábito tornou-se uma *necessidade* que exige despoticamente a sua satisfação; é, agora, uma espécie de instinto inconsciente e imperioso, como as qualidades hereditárias.

"É devido ao hábito que os fenômenos de consciência, uma vez produzidos, ficam armazenados em nós, ignorados de nós, mas prontos a repetirem-se sob a influência de uma circunstância favorável, de um mais poderoso esforço de atenção, para fornecer à inteligência os materiais que ela disporá, combinará e elaborará a seu modo." *(Educação Racional da Vontade)*

Querendo dar um exemplo, o mesmo autor acrescenta:

"O paciente que resiste às primeiras náuseas produzidas pelo tabaco, cria em si o hábito de fumar. Desde então, às sensações penosas, inicialmente provadas, ele substitui paulatinamente um prazer, efeito não do tabaco, mas da satisfação atribuída ao hábito criado.

"Mais tarde, o hábito torna-se necessidade de fumar, uma espécie de vício desprovido de todo prazer. Ao menos este prazer, inconsciente na posse, só se torna consciente, e cruelmente consciente, quando há privação. Do mesmo modo, o prazer do bebedor se embota cada vez mais, à medida que a necessidade de beber se acentua; o gosto para a bebida se torna dipsomania.

"O morfinômano passa pelas mesmas fases; é impelido pelo incentivo da necessidade, depois pelo próprio prazer. Em pouco tempo, o prazer não mais existe, mas a necessidade da morfina se faz cada vez mais viva e exigente.

"De modo idêntico, há inúmeras manifestações mórbidas que se explicam naturalmente à luz desta teoria... seja palpitação, seja uma síncope, cólica de estômago, crise de diarréia, tique nervoso, um tremor, um espasmo, etc.

"Esses fenômenos declaram-se sob a influência de uma comoção moral ou física violenta.

"Para fazê-los reaparecer posteriormente bastarão emoções progressivamente menores.

"Enfim, a reprodução deles se fará tão facilmente, que parecerão até mesmo nascer por si mesmos, sendo a causa provocadora tão insignificante, que nem mesmo se percebe."

É evidente para todos que o hábito cria em nós uma espécie de automatismo que nos leva a cumprir inconscientemente certos atos que nossa razão reprova, tais como a embriaguez, o tabagismo, a morfinomania e todas as *manias* que podem arraigar-se dentro de nós. É esta a opinião de A. Besant, que se exprime assim, a este respeito:

"O hábito cria um acréscimo do poder emocional, que ele representa pela soma de matéria que atrai. Existe alguma coisa de análogo ao trabalho que faz um músculo sob a ação repetida do exercício. Ele toma elementos novos e provoca a eliminação das partes inúteis." *(O Homem e seus Corpos)*

O homem é mais freqüentemente governado pelas paixões, pelos seus hábitos e instintos do que pela sua razão, isto é, pelo ser subjetivo que está nele. Pode-se mesmo afirmar que a maior parte das pessoas dotadas de certa energia, que crêem agir em seu próprio interesse, voluntariamente lhes são mais ou menos submissas. Esta observação não escapou a Papus, que a expõe com muita argúcia.

"Suponhamos que, depois de protelamentos sucessivos — diz ele — depois de crises de preguiça e pessimismo, você se ocupe com o seu trabalho de realização intelectual. Imagine que o esforço de vontade que você empregou para chegar a ele é a única coisa necessária e que agora tudo caminhará sem empecilhos. Mas, apenas se dispõe a escrever ou a desenhar, apodera-se de você uma grande necessidade de sair e andar. Parece-lhe que lá fora a sua idéia, um tanto obscura, vai se definir. Essa necessidade assume logo tal importância que, se você não estiver habituado, você se levanta, deixa seu trabalho e sai... Você caiu no laço armado pelo ser impulsivo que o repouso físico acabrunhava, e sua idéia, após o passeio, não se fez mais clara que antes. Neste caso, é o centro instintivo, cuja marcha é o meio de ação característica, que enganou sua vigilância.

"Suponhamos, todavia, que você já conhece a armadilha e, em vez de ceder, sua vontade se inclina para o esforço a cumprir. Então, o ser impulsivo se manifesta de outro modo. A necessidade de ação desaparece como por encanto e uma sede muito viva se faz sentir progressivamente, à medida que o trabalho cerebral se acentua.

"Ainda uma armadilha do centro instintivo; pois cada sorvo do líquido arrasta uma parte da força nervosa que neste momento se acha no cérebro e adia a realização projetada.

"Mas você domina essa sensação e consegue, enfim, escrever sobre o papel. É então que os outros centros impulsivos entram em ação.

"As necessidades físicas se calam; mas as emoções sentimentais vêm substituí-las. As imagens das lutas passadas, as afeições velhas, as ambições de amanhã se vão pouco a pouco delineando e uma força, em aparência invencível, o impele a abandonar a caneta, a voltar para trás e a entregar seu espírito à doçura melancólica ou ao ardor impetuoso das quimeras que se esboçam.

"Quantos jovens realizadores pouco aguerridos se deixam levar pela tentação e quantas vezes a obra permanece em suspenso. E não falamos da ação combinada da necessidade da atividade e dos sentimentos que se unem, muitas vezes, a estes dois impulsos isolados. Trata-se das reações que cada autor julga pessoais e que não são dominadas senão por um hábito instintivo de regularidade muito grande no trabalho ou pela idade." *(Tratado Elementar de Magia Prática)*

Sendo conhecida a causa desta ação impulsiva que acentua as disposições da nossa preguiça nativa, pode-se geralmente evitar seus efeitos tão-somente pela vontade. Mas, se a vontade fosse suficiente, seríamos bem-sucedidos empregando os processos da auto-sugestão de que atrás falamos.

Após recolher-se em um lugar isolado, e meditar durante cinco ou seis minutos, nas vantagens que há para nós em trabalhar arduamente, devemos fixar o pensamento na palavra trabalho; propondo-nos uma tarefa, tomaremos o compromisso formal de realizá-la.

Devemos fazer o possível por adquirir os hábitos de ordem e trabalho, os quais fariam esquecer os costumes de divagação e irregularidade.

Devemos persuadir-nos de que se as nossas crenças, maneiras de ser, hábitos, etc., se agarraram a nós fortemente, é porque nos agarramos a eles igualmente.

Pensemos pois constantemente em tomar bons hábitos e estes não tardarão a se agarrar a nós para o resto da vida. Os maiores inimigos do homem são, sem dúvida nenhuma, o tédio, a preguiça, a tristeza e o desânimo. Estes sentimentos paralisam a iniciativa do indivíduo, rebaixam e mesmo degradam sua personalidade, arruínam sua energia, e fazem-lhe temer males que não terão, talvez, tempo de acontecer.

"O abismo chama o abismo" — diz um velho provérbio latino. Nada é mais verdadeiro do que isso e poderíamos mesmo acrescentar que, quando absorvemos bem esses sentimentos, vamos de Caríbdis a Cila, isto é, de um mal a outro pior. A razão desse fenômeno é explicada na teoria que expus na primeira parte deste livro.

Podemos resumi-la em algumas palavras.

Os pensamentos de enfado, tristeza e abatimento que emitimos irradiam-se ao redor de nós e atraem seus semelhantes que lhes aumentam a energia.

Assim, atormentando-nos, temendo uma perda, imaginando sempre que isto ou aquilo não dará o resultado que queremos, geramos em nós forças destruidoras que agem ao nosso redor, diminuem nossa energia, nos fatigam, desanimam e nos afastam dos negócios, fazem-nos desesperar de tudo, debilitam-nos e nos predispõem à doença, tornando-nos desagradáveis e antipáticos aos outros, afastando de nós os bons amigos que poderíamos conservar e acabando por nos precipitar na desgraça. Uma boa ação e um bom pensamento se fazem sentir em torno de nós como uma série de ondulações agradáveis que atraem para nós as boas coisas da vida, sem que façamos nada para isso, asseguram nossa saúde, tornam-nos mais simpáticos aos outros e contribuem, poderosamente, para a nossa felicidade.

O homem triste e abatido é quase sempre preguiçoso; o trabalho o fatiga, a vida o aborrece, a realidade o fere. Se ele falha em tudo e os outros acodem em seu auxílio, isto lhe parece errado ou insuficiente; deseja apenas o que não pode obter, perseguindo sempre as quimeras.

Não poderemos chegar a criar uma situação independente, a não ser pelo trabalho; e para isso convém coragem, esperança, conformação com a sorte momentânea, mantendo, entretanto, a certeza de que conseguiremos melhorá-la.

Procurando elevar-nos às regiões serenas da mente, devemos fazer o possível para compreender que o universo é uma via de evolução; que todos nós chegaremos à perfeição e à felicidade perfeita que constituem a conseqüência desta evolução e que, empregando os meios que indicamos, a ela chegaremos mais rapidamente que os outros.

Evocaremos, portanto, idéias de atividade, de alegria, de esperança; imaginaremos cumprir um ato de coragem, ter alcançado a situação almejada e a felicidade que se deseja fruir.

Essas idéias originarão estados de alma correspondentes que, afirmando-se, substituirão, pouco a pouco, as idéias antagônicas.

Eis dois exemplos:

É conhecido o fato de que os cães, as crianças e mesmo muitos adultos, fingindo-se zangados por brincadeira, acabam por zangarem-se realmente. Quando, nas experiências de estado de catalepsia magnética ou hipnótica, se pede a um paciente para que tome uma atitude qualquer, ele experimenta instantaneamente a emoção correspondente.

Para fazer-nos alegres é necessário que tenhamos idéia de alegria e tomemos a atitude, a expressão que dá esse sentimento, revivendo em nosso espírito uma cena alegre que presenciamos outrora ou em que nós mesmos nos vimos; e, detalhe muito importante, mas que não explanaremos aqui por falta de espaço, de levantar os olhos aos céus, em vez de os dirigir humildemente para a terra. Este sentimento nos virá bem mais depressa ainda, se excitarmos com um dedo da mão esquerda o centro da alegria dos frenólogos, ao lado esquerdo do crânio (e não no direito, que faria nascer a tristeza), no ponto C da figura 21.

Os que desejarem conhecer a razão deste fenômeno de mecânica cerebral, encontrarão a descrição completa do mesmo no estudo dos centros nervosos contida no segundo tomo de minhas *Théories et Procédés du Magnétisme* ou na obra intitulada *Pour Faire le Diagnostic des Maladies par l'Examen des Centres Nerveux.*

Em virtude do princípio que certos psicólogos contemporâneos chamam de *polarização* psíquica, podemos, quase sempre, substituir uma idéia triste por uma idéia alegre, aplicando um dedo da mão esquerda no meio da fronte, no centro da vontade (E, fig. 21). Esta aplicação faz sempre cessar em alguns instantes a emoção penosa deixada pelo pesadelo, emoção de que não nos poderíamos desembaraçar se não nos levantássemos para despertar completamente.

É bastante, neste estado de leve adormecimento, mudar de lado, isto é, virar-se para o direito, se a pessoa está deitada do lado esquerdo e reciprocamente, e aplicar o dedo (de preferência o indicador) no ponto indicado, esforçando-se por isolar-se, isto é, por não pensar em nada.

A emoção penosa desaparece rapidamente e, após um tempo que não vai além de um a dois minutos, nos menos sensitivos, afluem os pensamentos alegres que causam as impressões agradáveis e adormecem novamente para despertar com boas disposições.

Já que falei de um efeito que se pode facilmente obter durante o sono, é bom dizer aqui que a auto-sugestão é suscetível de se produzir neste estado. Se compreendermos que o astral, o ser subjetivo, o inconsciente, governa completamente o organismo durante o sono, conseguiremos igualmente compreender que, se nos impusermos uma tarefa a cumprir nesse estado, se fixarmos energicamente uma idéia no inconsciente, esta idéia se fará forçosamente elaborar. Com efeito, ela se desenvolve, se elabora com uma lógica bem superior à que teríamos no estado de vigília, pois a atenção não é incomodada por outras idéias e a sua execução se realizará com a máxima precisão.

Exemplos tomados das circunstâncias comuns da vida poderiam, aliás, convencer os que não se contentem facilmente com teorias.

Diz um provérbio que "a noite é boa conselheira", perfeitamente justificado, pois muitas vezes reconhecemos que, se encontramos dificuldade em tomar à noite uma decisão importante, certamente a resolveremos após o repouso da noite, pois os diversos elementos da questão aparecerão mais nítidos, mais claros, mais precisos.

Muitos estudantes sabem que lhes basta, muitas vezes, à noite, antes de dormir, lerem uma ou duas vezes suas lições para sabê-las no dia seguinte. Os mesmos estudantes e até muitos de nós sabemos igualmente que, deitando-nos antes de ter podido resolver qualquer problema que andamos cogitando durante horas seguidas, achamos, ao acordar, no dia seguinte, o problema resolvido em nosso espírito, bastando-nos passá-lo para o papel.

A muitos indivíduos basta pensar que despertarão a esta ou àquela hora para que o ato se realize à hora marcada, embora não estejam a isto habituados.

Muitas vezes, ao deitarmos com uma dor, uma nevralgia por exemplo, pensamos energicamente em dormir e logo adormecemos; quando acordamos, algumas horas depois, verificamos que a dor desapareceu. A

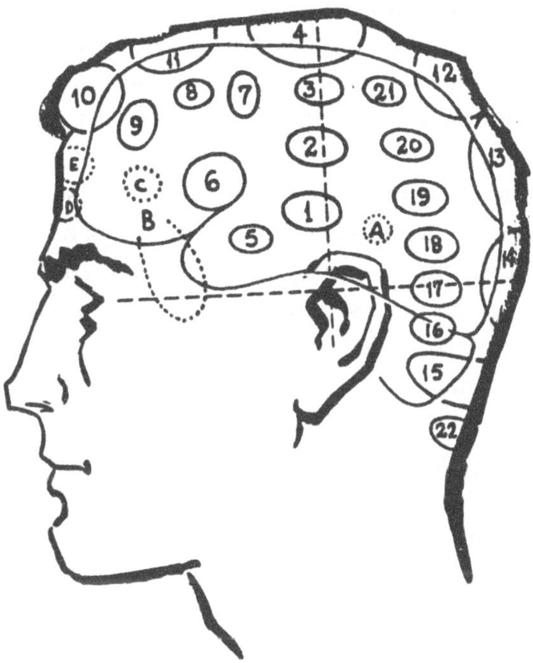

Fig. 21. Centros nervosos.

1. *CENTROS MOTORES E SENSITIVOS*. 1) Centro do braço. 2) Centro da perna. 3) Centro do baço. 4) Centro cérebro-espinhal. 5) Centro do ouvido. 6) Centro motor da cabeça, da língua e do pescoço. Linguagem articulada. 7) Coração. 8) O Peito. 9) Pulmões. 10) Fígado. 11) Impressão, crença. 12) Nariz. 13) Estômago. 14) Centro genital. 15) Coordenação dos movimentos, tato. 16) Laringe. 17) Centro dos dentes. 18) Centro sensitivo da orelha. 19) Rins, órgãos gênito-urinários. 20) Vista e movimento dos olhos. 21) Intestinos. 22) Respiração.

2. *FACULDADES MORAIS E INTELECTUAIS*. A) Doçura à esquerda, cólera à direita. B) À esquerda, lembranças alegres; vontade de rir e caçoar, tomar tudo pelo lado engraçado; satisfação. B) À direita, lembranças tristes; tornar-se sombrio e sonhador; melancolia, descontentamento. C) Alegria à esquerda; tristeza à direita. D) Atenção. E) Vontade.

concentração do pensamento na idéia de dormir deu lugar a uma derivação, cuja conseqüência foi fazer esquecer a dor ou transformá-la em um fenômeno de ordem diferente.

Sendo o mecanismo desses fatos conhecido, podemos, com a maior facilidade, impor-nos no leito, sem perda de tempo, a idéia que desejamos, conformando-nos com as regras da auto-sugestão ordinária. Assim, por exemplo, se quisermos desembaraçar-nos de um mau hábito, devemos fixar o nosso pensamento na qualidade que deverá substituí-lo; fechar os olhos e meditar, durante cinco ou seis minutos, nas vantagens decorrentes dessa qualidade imaginando já possuí-las em parte e, para conquistar as demais, dizer mentalmente: *Farei isso, acabarei aquilo*, sempre precisando as condições em que poderá agir.

Importa que repitamos isto, muitas vezes, nas mesmas condições; depois, abandonando a auto-sugestão pura, para já não pensarmos senão nas vantagens a fruirmos, empreguemos nossa atenção na idéia de dormir, o que não tardará em se realizar. Durante a maior parte da noite, o inconsciente, que se tornou, por algumas horas, o ser ativo, não se ocupará senão da elaboração da idéia, assim como dos meios mais simples e práticos para assegurar sua execução. No dia seguinte, verifica-se que, se o resultado não foi completo, foi ao menos obtido em parte. Tem-se, agora, uma facilidade muito maior para fazer o que se pretende e um sentimento interior nos dirá que, com perseverança, o resultado final não se fará esperar.

Acontece, muitas vezes, que a auto-sugestão é aceita com certa dificuldade e que se tem a consciência do instante de sua aceitação.

Conheço um rapaz que dorme bem, como a maior parte das pessoas jovens, o qual, por força de necessidade, desperta à hora que quer. Para isso, antes de dormir, auto-sugestiona-se do seguinte modo: Ao fechar os olhos, diz: *Amanhã despertarei quando der tal hora*. A ordem dada pelo ser consciente ao ser inconsciente não é por este aceita imediatamente, e uma imagem exterior manifesta-se sob a forma de um "não" bem determinado. A ordem repete-se de novo: *Despertarei quando tal hora soar*, e o mesmo "não" se mostra ainda. Continua-se a auto-sugestão até seis e mesmo oito vezes e então o "sim" aparece. Abandonando agora toda idéia de despertar, a pessoa dorme profundamente e não deixa de despertar quando o relógio soa à hora designada.

Como eu já disse — e isso é de importância capital — a vontade de livrar-se de uma paixão é um meio heróico que só muito raramente dá resultado quando se opõe diretamente à própria, pois se torna quase sempre mais ativa; e, comprimindo-a, assim, muito violentamente, é de se recear reações perigosas. Não devemos atacá-la de frente, mas desviar a dificuldade, canalizar a força desta paixão, opondo-lhe um antagonista; e aquele que me parece mais poderoso é colocar no lugar de uma paixão a virtude oposta. Assim, a prodigalidade pode ser facilmente transformada em idéias de ordem e de economia, principalmente se refletirmos sobre as vantagens que esta transformação pode dar. O amor sexual exagerado, que sempre é egoísta, pode ser transformado em amor à humanidade.

É o conselho dos teósofos e psicólogos que compreenderam a importância dos princípios que serviram de base ao magnetismo pessoal. Na sua obra que trata da *Lei do Destino*, o doutor Pascal assim se exprime sobre este assunto:

"Do mesmo modo que, no mundo físico, os fluidos elétricos positivos e negativos se neutralizam, assim como se pode destruir uma força sutil qualquer, luz, calor, eletricidade, sobrepondo os altos e baixos de suas ondas, assim também, no mundo moral, opondo a um vício a virtude que lhe é oposta, destrói-se o vício. O amor e o ódio são os altos e baixos da força abstrata inconsciente, que é a sua raiz comum. Ora, a fonte de todos os erros e vícios é o egoísmo... O foco de todas as forças do bem arde no coração, pelo amor que purifica todas as coisas, une tudo, faz tudo viver".

"Um desejo isolado não morre — diz Franz Hartmann — mas se torna uma paixão, e as paixões comprimidas se tornam cada vez mais violentas. A energia acumulada não pode ser aniquilada, deve ser transferida para outros modos de movimento pois não pode ficar inativa. É perfeitamente inútil tentar resistir a uma paixão que não se pode dominar. Se sua energia acumulada não for canalizada e dirigida para outra corrente, crescerá e se tornará mais forte do que a razão. Para governá-la é preciso dirigi-la para um fim elevado.

"Do mesmo modo, o amor por alguma coisa vil pode ser transformado em amor por algo elevado e o vício pode transformar-se em virtude, pela mudança de sua direção. A paixão é cega, vai para onde a dirigirmos e precisa da razão para guiá-la.

"Os antigos disseram que *a natureza tem horror ao vácuo*. Não podemos destruir ou aniquilar nenhuma paixão. Se conseguirmos expulsar uma paixão, ela é imediatamente substituída por outra. Não devemos, em conseqüência, esforçar-nos por destruir o que é inferior, mas obrigá-lo a ceder o lugar ao que é superior. Assim, o vício cederá seu lugar à virtude e a superstição ao saber." (*Magia Branca e Negra*)

Chegamos ao êxito com relativa facilidade empregando os meios seguintes:

Absorção da energia. — Outro meio de auto-sugestão, recomendado por Turnbull, é o que se chama a *absorção da energia*. Temos um violento desejo que nossa razão reprova e do qual queremos nos desfazer, por exemplo, o de abandonar o nosso trabalho para nos divertirmos.

Para esse efeito, concentramos fortemente o nosso pensamento neste desejo, que procuramos considerar como a expressão de uma força brutal que se apodera de nós.

Representada bem esta idéia de força, e observados os tempos da respiração profunda, que recomendei e estudei no capítulo 7, apropriamo-nos dela, apoderamo-nos dela, absorvemo-la para colocá-la sob o domínio da razão.

A operação se faz em três tempos; devem durar cada um de oito a dez segundos.

Primeiro tempo. — Aspirar lentamente o ar; e considerando esse desejo como uma força brutal que subjuga a razão, dizer com convicção, mentalmente, à meia voz: *Absorvo conscientemente essa força e apodero-me dela*.

Segundo tempo. — Reter o fôlego e pensar com inteira convicção: *Fixo essa força que, doravante, me pertence*.

Terceiro tempo. — Expirando lentamente, dizer: *Fiz-me senhor dessa força que utilizarei, conforme minhas necessidades*.

Este processo parece-me poderosíssimo para combater as paixões e os defeitos fortemente radicados, que teriam resistido às outras formas de auto-sugestão, tais como as de roer as unhas, masturbar-se, fumar, embriagar-se, etc.

Deve-se repetir esta operação muitas vezes, depois de alguns instantes de repouso, tendo-se o cuidado de bem fixar no pensamento a tríplice idéia de *absorção, fixação e utilização* da força do desejo.

A absorção da energia pode ser empregada em numerosas circunstâncias para extrair do meio ambiente forças ou qualidades.

Como já tratei no primeiro capítulo da primeira parte, todas as qualidades e propriedades dos corpos existem na natureza sob uma forma real, ainda que invisível; elas estão perto de nós, e nada mais temos a fazer senão tomá-las.

A natureza é uma espécie de mesa abundantemente servida, sempre à nossa disposição. Ela está provida de tudo, para todos os gostos e necessidades, podendo-se dizer que nada mais temos a fazer do que estender a mão para apanharmos o que quisermos.

As condições a observar para o fim requerido deduzem-se do total dos meios atrás indicados. A influência pessoal deve já estar em via de desenvolvimento para dar resultados importantes; mas a maior parte dos que começaram este estudo pela auto-sugestão obterá certamente resultados satisfatórios após alguns meses, nada mais do que consagrando doze ou quinze minutos de manhã e à noite a exercícios bem compreendidos e inteligentemente executados. Depois de isolar-se, deve-se concentrar o pensamento na qualidade ou vantagem que perseguimos e persuadirmo-nos de que todos os elementos desta qualidade ou vantagem estão à nossa disposição; que nós merecemos esta coisa que não tardaria a vir a nós por si mesma, e que temos o direito e o poder a tomar em seguida. Estando estas idéias bem presentes no espírito, como para utilizar a força de um desejo, elas deverão ser absorvidas. Fixemo-las em nós e tomemos o propósito de aproveitá-las, executando metodicamente os três tempos da respiração profunda.

No princípio devemos empregar fórmulas, escrevendo-as num pedaço de papel quadrado que se coloca ante os olhos para fixá-las com calma e persistência. Quando, porém, a vontade já está suficientemente disciplinada, podemos desistir de todas as fórmulas porque elas não servem senão para fixarmos a atenção no objeto.

Podemos primeiramente pedir o acréscimo de qualidades que ainda não possuímos a um grau bastante elevado, tais como: a exatidão, a paciência, a doçura, a bondade, o raciocínio; depois perseguiremos a força moral, e mesmo a física, que tão necessária nos é, a cura de uma doença leve, o êxito neste ou naquele negócio; enfim, obtendo paulatinamente o que queremos, poderemos tentar alcançar coisas mais importantes, mais elevadas, mais precisas.

Não há certamente limites para o desenvolvimento deste poder, que se perde no infinito, sobretudo quando as bases de influência pessoal estão bem lançadas e esta é metodicamente cultivada.

A maior parte dos leitores vai dizer que me afasto do tema deste capítulo que já não trata da auto-sugestão. Sou deste parecer. Mas o psicólogo que vê a sugestão em toda parte, mesmo onde ela não está, não deixará de dizer: trata-se de auto-sugestão; de sugestão pura, pois a procura de tais qualidades é uma sugestão dada à natureza, que é, assim, forçada a conceder o que se não dispunha a dar.

Deixemos de lado o que uns e outros podem dizer; fiquemos com as vantagens que podemos obter e tratemos de explicá-las:

Procurai e achareis, pedi e recebereis, diz o Evangelho (Mateus, 7: 7); isto é, peça com inteligência, energia e perseverança, e isso o fará descobrir os meios de achar o que quer.

Deixou Deus, alguma vez, seus filhos na necessidade?
Dá o sustento aos pássaros,
E sua bondade se estende a toda natureza,
Todos os dias o invoco e Ele, com cuidado paterno,
Nutre-me com as dádivas oferecidas em seu altar.

Não convém que tomemos à letra esta afirmação que Racine põe na boca de Joás (*Athalie*), pois Deus não dá senão aos que merecem e sabem tomar. Há muitas pessoas menos felizes que Joás, pessoas que não são nem boas nem más, pois são incapazes de fazer bem ou mal e que esperam sempre que a roda da fortuna vire em seu favor, sem que isto aconteça, pois nada fazem para tal.

Ajuda-te e o céu te ajudará, diz o provérbio. É preciso procurar para achar, pedir para receber; mas convém, sobretudo, saber dirigir suas investigações e empregar, no pedido, a linguagem da natureza.

O pedido é a base da prece; em suas evocações, pedem os espiritualistas aos bons espíritos e deles obtêm fluidos que são utilizados para a formação de fenômenos tão estranhos quanto reais.

Os devotos tiram da prece consolações, esperanças e certas vantagens; tirariam muitas outras coisas mais, se conhecessem o princípio que põem em ação e, sobretudo, se não pedissem favores injustos, graças que não merecem e vantagens que seriam prejudiciais ao próximo.

Não convém que o comerciante de guarda-chuvas peça chuvas constantes, quando a terra já está suficientemente molhada, nem que o carvoeiro peça o frio quando é ainda tempo de calor.

Dois exércitos em presença um do outro não devem rogar pela exterminação do inimigo, pois a natureza, soberanamente justa, não favoreceria um em prejuízo do outro.

Peça o que é justo, o que lhe é útil, sem ser prejudicial aos seus semelhantes, e você receberá, em razão direta da sinceridade do seu pedido e da soma de vontade que você empregar para a obtenção da coisa pedida. A faculdade de atrair forças do meio ambiente, quaisquer que sejam, constitui, por si só, o principal fator do magnetismo pessoal. Devemos, pois, estudá-la com atenção e fazer todo o possível para desenvolvê-la.

Sugestão. — Chegamos, agora, à sugestão propriamente dita, isto é, a arte de influenciar os outros, comunicar-lhes as nossas idéias e obter deles tudo ou parte do que desejamos.

Ainda aqui vou dividir a questão, pois não pretendo, de nenhum modo, tratar a questão como os hipnotizadores em geral e, sobretudo, aqueles que, com desprezo da dignidade humana, fazem, com pessoas sensitivas, transformadas em manequins, experiências sempre inúteis do ponto de vista científico e, muitas vezes, perigosíssimas para a liberdade moral dos pacientes.

Desejo limitar-me aqui exclusivamente à incitação, à influência que se pode exercer na vizinhança de alguém, na conversação, verbalmente quando falamos e mentalmente quando escutamos. Ainda não aconselho ninguém a querer impor-se, nem a praticar o incitamento sugestivo para obter uma coisa determinada, pois, quando a pessoa se achar bastante desenvolvida, as boas coisas gravitarão para ela, sem que nada faça para obtê-las. Apesar disso, aqueles que desejarem cultivar especialmente a arte de influenciar os outros pela incitação sugestiva, verbal ou mental, poderão considerar as observações seguintes:

Quando a personalidade magnética está desenvolvida em um alto grau, a incitação sugestiva é espontânea, inconsciente mesmo.

A maneira de ser do pensador transmite-se aos que o cercam, sem que eles o queiram, pois seus pensamentos, ativos e fortes, vão direto às pessoas a que são dirigidas. Aí eles têm tendência a impor-se e os que os recebem, aceitam-nos sempre, como se nascessem de si mesmos e fossem a expressão de seu próprio desejo e verdadeira intenção.

Mas, se o pensador suficientemente desenvolvido faz, para agir, ato de vontade, ele impõe todas as suas idéias e dita suas ordens que são, muitas vezes, executadas com precisão e prontidão prodigiosas.

Aqueles que começam o estudo de seu desenvolvimento magnético não devem esperar um igual resultado já nos primeiros ensaios, mas podem ter a certeza de que, praticando inteligentemente todos os exercícios descritos na segunda parte deste livro, chegarão rapidamente a adquirir uma força sugestiva invejável.

Aqueles que só estudassem este capítulo, obteriam resultados de pouca importância, pois a teoria necessária para guiar o raciocínio e a base principal do desenvolvimento da influência magnética lhes faltariam quase completamente.

Repito-o, convém compreendermos, antes de tudo, que, para dirigirmos os outros, é indispensável que saibamos primeiro dirigir-nos a nós mesmos e que para lhes impor a nossa vontade é de rigor que nos tornemos senhores da nossa.

É indispensável igualmente que sejamos essencialmente honestos e não pensemos em obter senão o que não vá ferir o interesse e a consideração do nosso próximo.

Estando esses dois primeiros pontos bem definidos, convém que nos animemos do vivo desejo de obter aquilo que queremos, nos persuadirmos de que temos o direito e temos o poder de obtê-lo e que o obteremos tanto mais prontamente quanto mais nos fizermos calmos, enérgicos e persistentes.

Para exercer uma poderosa incitação sugestiva, devemos tirar forças do meio ambiente, como acabo de explicar, falando da absorção da energia, e pormo-nos, pela vontade, num estado de atividade para dar, e num estado de expansão para irradiar nossos pensamentos e desejos às pessoas que desejamos influenciar.

Aquele que quer dominar os outros deve inspirar-lhes confiança; interessá-los, alegrá-los com propósitos alegres, pois o riso *abre o indivíduo* e o dispõe a receber as influências exteriores. Sua expressão, seu porte, seus gestos, suas maneiras, o tom da sua voz, são outros tantos elementos de ação que se combinam e ajustam uns aos outros, se são todos concordes.

O olhar, exercido conforme as indicações do capítulo precedente, e a conversação desempenham aqui papel preponderante: mas esta deve ser apropriada, adaptada com muito jeito ao caráter, gosto e aptidão do indivíduo. Judiciosamente empregada, a conversação constitui um meio poderosíssimo de insinuação que permite, mesmo àquele que possui pouca influência pessoal, vencer as dificuldades, desconfianças, antipatias e resistências a que se acha mais ou menos exposto.

"O doente — diz Atkinson — repousado e confiante, se abrirá a ele sem pensamentos reservados, e este abandono fará mais pela sua cura do que fizeram as inumeráveis drogas ministradas pelos homens do *métier.*

"Mas esta conversação deve ser encaminhada cuidadosamente, com discernimento e inteligência. Convém que o operador se retraia, esquecendo-se de si progressivamente, e que o doente se lhe abandone e o interesse cada vez mais.

"O operador, doravante, não fará nada mais que escutar e encorajar, pela atenção e interesse, as confidências que ele faz. Aprende-se a escutar como se aprende a falar, por esforços sucessivos, por um estudo metódico.

"O silêncio, como a palavra, tem sua ciência. É de rigor que o operador a possua; não é senão a preço dela que conquistará seu paciente.

"Você conhece, porventura, a anedota sobre Carlyle? O grande e temível escritor recebeu, um dia, a visita de uma personagem que desejava conhecê-lo, mas receava abordá-lo. Apresenta-se o visitante um tanto emocionado; é recebido friamente e, com esta acolhida, a sua emoção mais se agrava. Mas não se desconcerta. Conhecendo um dos assuntos de predileção do grande escritor, entra nele com discrição e deixa-o falar.

"Carlyle, passando assim ao primeiro plano e entrando num terreno familiar e agradável a ele, não tarda a exibir todos os seus recursos. Fala, anima-se, exalta-se. O visitante escuta-o, o tempo passa e quando, depois de três horas de silêncio, decide-se a retirar-se, o ilustre escritor acompanha-o até a porta prodigalizando-lhe os mais calorosos sinais de interesse e simpatia e, com um cordial 'Até à vista', despede-se, dizendo-lhe: 'Que encantadora conversação tivemos e como me foi agradável sua visita! Espero que a renove muitas vezes!'

"Faça como o visitante de Carlyle, seja hábil, delineie bem o seu assunto, e entre nele com decisão e nitidez, mas logo que o tocar, deixe ao interlocutor o cuidado de desenvolvê-lo. Faça-lhe crer que ele é interessante, profundo e persuasivo e sua ciência, sabedoria e arte de convencer são inimitáveis." *(A Força do Pensamento)*

Essa idéia de fazer o interlocutor falar é completada por Turnbull nestes termos:

"Sendo admitida e bem provada a teoria elétrica — que, fazendo passar uma corrente por um condutor próximo a outro, desperta neste uma corrente induzida — suponhamos que você deseja produzir uma impressão ou exercer uma influência sobre uma pessoa com quem acaba de entrar em relação.

"Assente bem em seu espírito que essa pessoa é um instrumento através do qual passam as correntes mentais e que você mesmo é um instrumento que não só produz como recebe e retém, fortemente, as correntes que deseja receber e reter.

"Você pode então começar, sem hesitação, a fazê-la falar, usando judiciosamente o melhor olhar fixo central. Empregue todo o seu tato e habilidade em fazê-lo discretamente. Conserve ao mesmo tempo firme a sua própria força, como se a reunisse em si mesmo. Fazendo passar correntes mentais ante o seu interlocutor sob a forma de perguntas ou sugestões inteligentes, desperte nele correntes simpáticas. Assim, você descobrirá seus gostos e repugnâncias e, encorajando as suas confidências, no curso da conversação pela corrente derivada de uma aprovação discretamente expressa, você chegará logo a fazê-lo vibrar inteiramente em uníssono com você.

"Em outros termos: ele o aprecia e prefere a sua companhia a outra qualquer.

"Não cometa o erro de empregar baixas lisonjas, expediente que só atinge as pessoas superficiais.

"Crie em si, pelo contrário, uma corrente de interesse, realmente benevolente, o que você obterá despojando o seu espírito de todas as outras preocupações.

"Graças ao seu conhecimento das leis de indução e atração, que regem as correntes mentais, você achará que a prática de atrair as pessoas para si se fará uma ciência cheia de atrativos. Você as atrairá, não porque tem um interesse especial em fazê-lo, mas somente para exercer seu poder e estudar o mecanismo da lei nas diferentes circunstâncias." *(Curso de Magnetismo Pessoal)*

Depois de ter estudado praticamente as regras que precedem, pode a pessoa exercer-se na prática da sugestão mental. Para isso, deve formular primeiro em seu pensamento idéias simples e em harmonia com a maneira de ser das pessoas de suas relações.

Dê a essas idéias formas definidas e, usando da influência do olhar, esforce-se por transmiti-las. Assim, por exemplo, procure sugerir a um amigo a idéia de uma visita a um amigo comum, a idéia de um estudo qualquer que lhe agrade, conseguindo-o tanto mais facilmente quanto mais concreta for a idéia a sugerir.

Em seguida, procure transmitir a este mesmo amigo uma idéia que saiba não ser de seu agrado, e ficará maravilhado ao verificar que, ainda que o plano falhe algumas vezes, dá bons resultados quase sempre.

As experiências desta natureza podem ser variadas quase ao infinito. Devemos repeti-las muitas vezes, pois concorrem poderosamente para o desenvolvimento de nossa influência sobre os outros.

Eis aqui duas que podem ser experimentadas na ocasião oportuna.

Numa conversa, a pessoa que fala com você esquece uma palavra, que procura em vão pronunciar. Esta palavra lhe é quase sempre sugerida pela idéia que dela faz a pessoa que fala. Pense fortemente nesta palavra e fixe o interlocutor entre os olhos. Muitas vezes, num tempo menor que o necessário para dizê-la, ele pronuncia a palavra e você tem consciência de ter causado nele a lembrança.

Em qualquer reunião, você quer, por exemplo, que um dos assistentes que você escolheu procure ser-lhe apresentado. Passe, algumas vezes, sob o olhar dele, sem parecer indiscreto.

Quando ele olhar para você, dirija com calma o seu olhar para o ponto que fica entre os olhos dele, e diga-lhe mentalmente: "Você quer ser-me apresentado, espero-o". Quando a pessoa se acha bem familiarizada com a prática da sugestão mental, obtém êxito certíssimo com estas duas experiências. Certas pessoas são particularmente dotadas para obter o que desejam.

Conheço uma senhora, de gênio agradável e brando, que apesar disso vive em desacordo com seu marido. Mas basta que ela pense em um vestido, num manto, numa jóia, para que ele se apresse a lhe trazer esse objeto. Contudo, se ela lhe pede algo verbalmente, acha sempre como resposta uma recusa categórica.

Certo artista, pintor de muito futuro — que seguiu o meu curso de Magnetismo Pessoal, e que tirou proveitos dos seus ensinamentos — pensou, num dado momento, em outro artista que ele conheceu há uns vinte anos e procurou recordar-se de suas obras principais. Senão quando, dois ou três dias depois, recebe pelo correio, de uma pessoa que mal conhecia, a reprodução de uma obra do artista em que ele tinha pensado.

Alguns dias depois, o mesmo artista abre uma enciclopédia em busca de notícias sobre os monumentos de Trieste. A catedral parece um monumento notável. Três dias depois, recebe de um amigo um cartão-postal, ilustrado, reproduzindo a dita catedral.

Esse artista observou, com razão, que o que se chama impropriamente o acaso não poderia ser invocado para explicar o fato, pois se seus amigos lhe tivessem realmente querido enviar uma lembrança, um objeto útil ou verdadeiramente interessante, teriam escolhido melhor a natureza do objeto de sua remessa.

Tudo leva a crer que, apesar da distância, houve transmissão do pensamento do artista a seus amigos, que lhe quiseram, em seguida, dar uma prova de sua amizade. Para certificar-se disso, ele acusou o recebimento dos documentos e pediu aos expedidores que quisessem ter a bondade de dizer-lhe com que fim tinham feito a remessa. A resposta de cada um deles foi mais ou menos esta: *Pensei em você e tive a idéia de agradá-lo com a remessa deste documento.*

Quando se chega a praticar habilmente a sugestão mental, já não se tem necessidade de recorrer à sugestão verbal. Todavia, quando esta é praticada com todos os requisitos que comporta, é mais ativa que a primeira.

Na conversa, pode-se praticar a sugestão de dois modos diferentes:

1º) *Sem o conhecimento do paciente;*

2º) *Com o consentimento do paciente.*

Prefiro a primeira, pois é mais ativa e dá, geralmente, melhor resultado que a segunda; o paciente que não suspeita da ação sugestiva que se exerce sobre sua pessoa, não lhe oferece também resistência.

Quando o paciente deseja curar-se de uma moléstia orgânica de certa gravidade, convém que recorra não à sugestão, mas ao magnetismo, que cura quase sempre melhor e mais depressa do que os meios comuns mais apropriados da medicina clássica.

Para uma doença moral, tal como a obsessão, para desembaraçar alguém mais depressa de certas paixões, como a embriaguez, o vício em entorpecente, pode o operador recorrer à sugestão verbal, sem ou com o consentimento do paciente; mas é indispensável, sobretudo neste último caso, que o operador seja digno, em todos os pontos, da confiança do paciente, porque o remédio poderia ser, em caso contrário, pior que o mal.

O prático que mais convém é ainda o magnetizador, sobretudo se ele possui a influência pessoal a um certo grau, pois, magnetizando para estabelecer o equilíbrio físico, que está sempre mais ou menos perturbado, emprega, ao mesmo tempo, não a sugestão brutal dos hipnotizadores, mas uma insinuação sugestiva, que faz sob forma de uma espécie de afirmação condicional.

Para não arriscar ver diminuída a confiança que se tem nele, o que diminuiria a sua autoridade moral, o prático não deve portar-se como o hipnotizador que, em certos casos, faz todos os dias, durante cinco ou seis semanas, a mesma sugestão com o mesmo fracasso.

Ele não deve, pois, dizer: *Você não sofrerá mais! Dormirá muito bem! Não será mais vítima das idéias que o atormentam! Não pensará mais na droga!* — pois esta forma de sugestão não surte efeito senão imperfeitamente nos raros doentes sensitivos que o operador pode fazer dormir; e ainda este resultado não se obtém senão à custa de outras funções físicas ou morais que se pervertem por sua vez.

Mas ele deve raciocinar com o doente, fazendo-lhe compreender que a doença de que é vítima tem causas muitas vezes profundas e tenazes, que não podem, geralmente, cessar imediatamente; que convém procurar restabelecer o equilíbrio das funções físicas e que, então, uma melhora, provavelmente muito mais sensível, não tardará a se fazer sentir.

A sugestão poderá então ser feita, por exemplo, mais ou menos nestes termos:

Você vai certamente provar melhoras e o sono não tardará a restabelecer-se! As idéias que o atormentam vão diminuir pouco a pouco e desaparecerão logo, completamente. Você terá menos necessidade de droga e, daqui a cinco ou seis semanas, já não sentirá falta dela!

No início de qualquer tratamento observa-se quase sempre certa melhora, devida, provavelmente, à esperança que o doente deposita na eficácia do tratamento.

A afirmação sugestiva realiza-se quase completamente, a confiança do doente aumenta ainda e as novas sugestões exercerão no futuro uma influência tanto maior quanto melhor houver o prático previsto a sua realização.

O magnetizador que sabe estabelecer o diagnóstico das doenças pelo exame dos centros nervosos e que conhece o mecanismo das modificações que sobrevêm, sob a ação do tratamento, sabe, realmente, não só o que se passa presentemente no organismo do doente, como também o que se passará dentro de alguns dias.

Desse modo, tanto pela ação direta do magnetismo, como pela ação indireta da sugestão, ele favorece sempre o trabalho da natureza, sem jamais o contrariar.

Se, pela palavra, pelo gesto, pelas maneiras, pode o homem forte impor ao fraco suas idéias e modo de ser; e se, por outra parte, todas as impressões que vêm de fora são sugestões, é evidente que todos estamos mais ou menos expostos a sofrer as sugestões interesseiras e os maus pensamentos dos que nos cercam.

Neste caso, é de toda necessidade que o que procura desenvolver sua personalidade magnética possa escapar às más influências. É sobre este assunto que vou terminar este capítulo.

Para evitar as sugestões dos outros. — É evidente que fazemos parte do meio em que estamos e que, se agimos sobre os outros, eles podem agir sobre nós, influenciar-nos e até escravizar-nos.

"Tão verdadeiro é isto — diz Atkinson — que as nossas opiniões variam com as circunstâncias e, segundo vivemos com uns ou com outros, nossas idéias diferem e algumas vezes mesmo se excluem.

"Os exemplos destes fenômenos são freqüentes, sobretudo em política. Vê-se uma idéia nascer ou espalhar-se, incutir-se nas pessoas, depois declinar, enfraquecer e morrer.

"Tal multidão, por exemplo, calma e moderada, agita-se e exaspera-se de repente, para retornar logo à moderação e à equidade.

"Bastou para determinar estas alternativas a influência de alguns homens de ação, de alguns espíritos-resolutos; aqueles provocaram a multidão com discursos de violência; estes acalmaram-na e retiveram-na apelando para a tolerância. Uns e outros usaram o mesmo meio, isto é, serviram-se de sua influência, de sua força de penetração, de todos os recursos de vontade e ação, que são como a essência do magnetismo, o segredo das ciências ocultas.

"Importa, pois, se quisermos obedecer à própria razão, preservarnos de todas as influências do meio e criarmos uma barreira em torno de nós. Mil perigos nos ameaçam... A cada instante, somos solicitados por forças exteriores, por vontades que estão impacientes por nos sujeitar aos seus desígnios, às suas ambições, aos seus interesses.

"É absolutamente necessário que possamos proteger-nos e defendernos contra elas. Nossa dignidade o manda e o nosso interesse o exige. Estaríamos expostos a terríveis eventualidades se nos abandonássemos, sem defesa, a todas as influências, a todas as sugestões, a todas as forças exteriores que influem sobre nós e que nos solicitam." *(A Força do Pensamento)*

Se o autor precedente descreve muito bem, exagerando um pouco, os perigos a que estamos, na maior parte, expostos, mesmo quando a nossa personalidade magnética se desenvolveu a um certo grau, não indica, de modo suficiente, os meios a empregar para evitá-los.

Vou tratar de fazê-lo em algumas palavras, tomando, por exemplo, o ódio que um indivíduo pode ter contra nós, e a impureza de certos meios, nos quais nos vemos, às vezes, forçados a penetrar.

O principal meio de resistir às más influências é, primeiro, não temê-las, pois elas agem como a peste que contagia sobretudo aqueles que a receiam. Depois, ser sensato, justo, equitativo, bom e não fazer mal a ninguém.

Apesar disso, há certas influências, as do ódio prolongado durante muito tempo, as quais poderiam bem chegar a afetar-nos. Estejamos, pois, de sobreaviso. Se desconfiarmos de alguma pessoa mal-intencionada, tenhamos o cuidado de não lhe enviar senão pensamentos benévolos e façamos, ao mesmo tempo, apelo a toda a nossa vontade, a todas as nossas energias internas, para nos pormos em um estado de expansão que faça irradiar a nossa força em torno de nós como o indica a figura 22. Neste estado estamos em atividade para *dar* e não recebermos nada de fora.

Nossa impenetrabilidade às influências exteriores será ainda aumentada se nos representarmos bem no espírito a aura dos pensamentos e influências que nos cercam, e se, precisando bem o papel protetor desta aura, fizermos ato de vontade para torná-la ainda mais impenetrável, dobrando-a sobre nós mesmos. Podemos rever, para isso, as figuras 10,

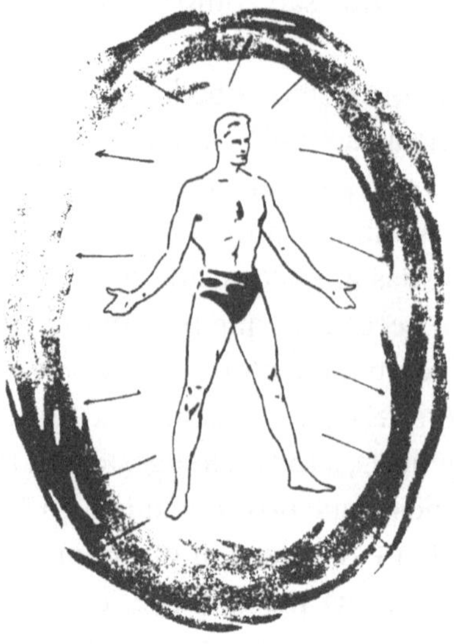

Fig. 22. Irradiação expansiva.

11 e 12. Tendo bem claro em nosso espírito que não seremos jamais dominados por um pensamento estranho, se o não quisermos ser, a autosugestão prestará ainda aqui alguns serviços.

Aliás, logo que chegamos a um grau de evolução, ultrapassando uma certa média, nos acharemos naturalmente protegidos contra os maus pensamentos e as más intenções de outros.

Esta proteção é fácil de compreender por meio das considerações seguintes:

A matéria mental e a matéria astral não são idênticas em todos os indivíduos. Pesada, grossa, impura no bruto, é fina, leve e pura naquele que atingiu um alto grau de desenvolvimento. Ela vibra constantemente e seus movimentos comunicam-se ao meio ambiente. Estes podem ser enviados a grandes distâncias pela vontade.

Mas as vibrações da matéria grossa são consideravelmente menos rápidas que as da matéria leve e pura.

Os pensamentos, que são *coisas*, e que revestem formas particulares, são formados de uma matéria análoga à mental e astral daquele que os emite; suas vibrações são as mesmas.

Nenhum movimento, ou melhor, nenhuma ação pode se comunicar a esta matéria, fora de certas condições de analogia e rapidez.

É por isso que as vibrações lentas do mau não podem modificar as vibrações muito mais rápidas do homem evoluído.

Entre estes extremos, o movimento, isto é, a ação, pode comunicar-se, mas a comunicação é tanto mais lenta e difícil quanto a diferença é maior entre a analogia e a rapidez dos movimentos daquele que age e daquele que recebe.

Em tese, um pensamento de ódio não pode atingir uma alma pura; é repelido e, como nada se perde, volta-se contra a pessoa que o projetou. E, como ele vibra de modo idêntico ao dos pensamentos que emite, recebe esse movimento com a maior facilidade e sua atividade redobra-se para produzir ainda outros de igual natureza.

Assim, finalmente, o criador de um pensamento mau sofre sempre as conseqüências do que ele quis fazer ao próximo.

E, se este pensamento for enérgico e se renovar constantemente, o seu emissor poderá sofrer muito e vir mesmo a morrer por sua causa.

Assim é que o feitiço volta-se contra o feiticeiro, sobretudo quando a ação que dirige não é recebida por aquele a quem se destina.

No tempo da bruxaria, dizia-se, com aparências de razão, que cedo ou tarde, o bruxo acabava por ser *estrangulado pelo diabo.*

O que não é evoluído fica, portanto, exposto, de certa forma, aos ataques dos que querem prejudicá-lo; porém, quando se purifica, o ciúme, a inveja, os inimigos que ainda pode ter, não podem nada ou quase nada contra a sua pessoa.

Como procurei fazer compreender nos capítulos precedentes, devemos buscar a companhia dos felizes, corajosos, alegres, fortes, cheios de esperança, e evitar o mais possível os medrosos, melancólicos, coléricos, maus e os infelizes em geral, pois, consoante já observou C. Agrippa, "a alma deles está cheia de irradiações maléficas e comunica o seu contágio aos que dela se aproximam".

Não obstante, somos obrigados a penetrar em seu meio, a pormonos em contato com eles. Podemos fazê-lo alegremente, pondo-nos no estado de expansão de que acabei de falar, para *lhes dar e nada lhes tomar.* Não tenhamos qualquer receio de ser influenciados.

Encorajemo-los, demos-lhes bons conselhos, façamos uma esmola aos que dela necessitam, de acordo com as nossas posses, mas não nos compadeçamos de sua sorte e deixemo-los com a satisfação do dever cumprido, para só voltarmos a pensar neles quando se apresentar uma nova ocasião de lhes sermos úteis.

Para terminar este capítulo, resta-me dizer algumas palavras aos sensitivos que se prestam às experiências e que podem temer sugestões pós-hipnóticas que executariam quase fatalmente no momento estipulado. É para ensinar-lhes a frustrar toda sugestão, empregando um processo simples de automagnetização.

Basta que o paciente saiba que, para impedir uma sugestão de se realizar, não precisa mais do que aplicar sua mão esquerda e mesmo um só dedo desta, na fronte, durante alguns instantes. Esta ação constitui o processo todo, cujo mecanismo se fará claro após algumas explicações teóricas.

Na maioria dos pacientes, o sono hipnótico apresenta quatro estados bem distintos: *estado sugestivo, estado cataléptico, estado sonambúlico e estado letárgico*, ainda que a escola hipnótica de Salpêtrière classifique apenas os três últimos.

Todas as sugestões pós-hipnóticas, a saber, as que o hipnotizador dá durante o sono para serem executadas quando o paciente desperta, não se executam senão no primeiro estado, no qual o paciente entra por si mesmo, quando lhe vem a idéia de cumprir o ato sugerido. Então, o paciente faz cessar este estado, a sugestão não se realiza.

O paciente pode sempre agir fisicamente sobre si mesmo por automagnetização. A ação de sua mão direita aplicada à fronte fá-lo dormir; a de sua mão esquerda, no mesmo ponto, desperta-o.

No caso de que nos ocupamos, o paciente obsedado pela idéia de executar o ato sugerido entra automaticamente no estado sugestivo. Neste momento, se ele aplica sua mão direita na fronte, passa para o estado cataléptico, depois para o sonambúlico; se ele aplica a mão esquerda, desperta.

Em ambos os casos, havendo cessado o estado sugestivo, a sugestão não tem mais qualquer influência.

Eis aqui um outro meio mais complicado, pois que necessita da intervenção de uma outra pessoa, mas podendo, todavia, prestar serviços aos pacientes fáceis de sugestionar.

Um amigo fiel poderá sempre aconselhar ao paciente a não receber jamais sugestões de outras pessoas, ou, pelo menos, este ou aquele tipo de sugestão.

Este meio surte bom efeito sempre, pelo menos durante certo tempo, no fim do qual pode-se renovar a sugestão.

10

Transformação das forças

Sabe-se, hoje, que as forças físicas são manifestações da *energia*, pois a presença de uma, que se manifesta em certas condições, basta para determinar o desenvolvimento de uma ou mesmo de várias outras.

Em uma palavra, uma pode engendrar outra, e cada qual pode transformar-se em todas as outras.

Assim, a *eletricidade* origina o movimento mecânico, o calor, a luz, a imantação (magnetismo próprio do ímã), as decomposições químicas.

O *calor* dá-nos o movimento mecânico, a luz e as correntes elétricas com as quais se obtém a imantação.

A *luz*, em suas diferenças qualitativas, apresenta cores, ao sair do prisma, e nesta observam-se ações caloríficas e químicas.

O *ímã*, quando em movimento próximo de um circuito, faz nascer neste uma corrente elétrica que pode se transformar em calor, em luz, em movimento mecânico, em decomposições químicas.

E, o que os físicos ignoram completamente, todas essas forças transformam-se ainda em um *magnetismo* análogo ao que se observa no corpo humano.

Uma quantidade de calor pode reproduzir o equivalente do movimento mecânico que o produziu. A caloria, quantidade de calor necessária para elevar de um grau a temperatura de um quilograma de água, equivale a 425 quilogrâmetros. O quilogrâmetro representa o trabalho mecânico capaz de elevar um peso de um quilograma a um metro de altura.

Os fenômenos assim relacionados a uma só e mesma causa — o movimento mecânico — dão a certeza da *correlação, da unidade das forças físicas.*

As forças psíquicas ou morais, que são tão reais como as forças físicas, transformam-se igualmente umas nas outras. Elas têm também sua *correlação* e suas equivalências, que serão certamente determinadas, um dia, de modo preciso.

Assim, conforme a elevação moral dos indivíduos, que são as suas testemunhas, a vista de um crime provoca o horror do crime, a piedade ou o ódio para com o criminoso, e mesmo a incitação de se cometer outro crime idêntico.

Nota-se, igualmente, mas sem se ligar importância ao caso, que, muitas vezes, uma força moral ou psíquica se transforma em força física e reciprocamente. Assim, observa-se freqüentemente que o desgosto, um sofrimento moral, determina uma doença física; e que a esperança, a fé, o desejo, a vontade auxiliam sempre no restabelecimento da saúde.

Se estes últimos sentimentos, que se designam geralmente sob o nome vago de imaginação, são muito intensos, podem mesmo restabelecê-la quase instantaneamente. Eles constituem, evidentemente, as únicas causas das curas consideradas milagrosas que se produzem realmente em Lourdes ou noutro lugar. É igualmente neles que reside o poder oculto e a magia dos tempos passados.

Não devemos admirar-nos dessas transformações, pois sabemos atualmente que o desejo e a vontade podem decuplicar as forças físicas no momento do perigo e retardar até mesmo a morte por vários dias.

Uma emoção repentina, muito violenta, como o terror, determina sempre acidentes físicos nas pessoas impressionáveis, acidentes que se traduzem, muitas vezes, em nevroses, tais como a coréia, a histeria, a catalepsia; em paralisias e afecções do coração, que se tornam muitas vezes mortais; em loucura incurável e mesmo produzem a morte imediata.

Se essas transformações são tão reais como aparentes, o que parece absolutamente certo, devemos, com alguns ousados pensadores, admitir a unidade das forças da natureza, quer pertençam à física geral, quer à fisiologia ou à psicologia.

Tomando origem num agente único, o éter ou um fluido análogo, sempre em vibração, seriam tão-somente manifestações da energia universal.

Nosso ser físico e nosso ser astral combinam-se de tal modo que, se se faz vibrar uma corda de um, a mesma nota ressoa imediatamente no outro. As forças físicas parecem como que escalonadas umas sobre as outras como as cores de um feixe de luz solar decomposta, ou, melhor ainda, como as notas da gama musical, originando-se as forças psíquicas da parte superior, como se fossem as mesmas notas uma oitava acima.

Na ordem física, segundo a tabela que Crookes estabeleceu em 1897, o primeiro grau é ocupado pelo som com vibrações de cerca de 32 a 32.000 por segundo. É entre estes dois limites extremos que têm origem os sons mais graves e os mais agudos, suscetíveis de serem percebidos pelo ouvido humano.

Acima de 32.000 vibrações por segundo, a velocidade aumenta, para atingir limites que aterrorizam a imaginação. Vê-se, então, aparecer a eletricidade, depois uma lacuna que não se relaciona a nenhuma força conhecida. O calor vem depois, em seguida a luz, uma segunda lacuna e, por fim, os raios X, que contêm mais de dois quintilhões de vibrações por segundo, número fantástico que não se escreve com menos de dezenove algarismos.

Assim, as vibrações menores fazem nascer a eletricidade; as mais rápidas, o calor, depois a luz, etc.

Em uma comunicação que o Professor Blondot fez à Academia das Ciências, em 1904, os raios N que acabara de descobrir e que são parentes próximos daqueles que constituem o magnetismo humano, afirma que sua velocidade é sensivelmente maior do que a da luz, fato que permite cumular com eles a segunda lacuna de Crookes, entre a luz e os raios X.

Não se sabe nada acerca da velocidade das vibrações que dão origem às forças psíquicas, a não ser que são consideravelmente mais rápidas do que as que originam as forças físicas.

Admitindo que o conjunto dessas forças seja, em certos limites, correlativo e equivalente, como se poderá transformar, por exemplo, voluntariamente a força muscular em força psíquica, para aumentar o capital desta e nos permitir vencer certas resistências, desembaraçarmo-nos, por exemplo, de uma paixão tenaz, que resistiu à ação de substituir uma idéia por outra, à auto-sugestão, e mesmo à absorção da energia, descrita no capítulo precedente?

Eis aqui um método a que Turnbull atribui grande importância.

Este autor reconhece que todas as forças que têm seu ponto de apoio no corpo humano são da mesma essência, tanto o pensamento, o desejo e todas as forças chamadas psíquicas, como as forças nervosas ou musculares, e que elas não diferem entre si senão pela forma que tomam para executar a sua função.

Baseando-se nesta teoria, para transformar a força muscular em força psíquica, convém sentar-se comodamente numa poltrona ou, de preferência, estirar-se num sofá ou numa cama, isolar-se durante quatro ou cinco minutos; e, imaginando ter de fazer um esforço muscular considerável, fechar os punhos e contrair os músculos o mais energicamente possível. Neste estado de contração, acha-se a pessoa, evidentemente, de posse de uma força física que se desenvolveu, mas que não foi aplicada.

Para transformá-la é, portanto, necessário fixar muito fortemente o pensamento na resolução a tomar, abrir as mãos que se aplicam naturalmente sobre as coxas e distender-se brandamente, querendo, com toda a energia, que esta resolução se cumpra completamente.

"Devemos assegurar-nos, ao mesmo tempo — diz o autor —, de que a força-expressão física se transforme em uma força-expressão mental. Importa, para isso, reter em seu espírito esta idéia: enquanto a força escapa de seus músculos fatigados, retira-se sob a forma mental de seu desejo e age desta forma sobre as pessoas ou condições interessadas." *(Curso de Magnetismo Pessoal)*

Depois deste exercício, que não convém repetir muitas vezes, continuamente, porque é fatigante, é bom praticar a absorção de energia pela respiração profunda, para fixar a idéia que se quis impor.

Assim associados um ao outro, estes dois processos permitirão certamente a todos os que possuem ainda um pouco de vontade, desembaraçarem-se das idéias fixas mais tenazes e das mais violentas paixões, e até mesmo do mais desordenado amor físico, embriaguez e outros vícios ou manias análogas, repetindo-os regularmente três ou quatro vezes por dia, durante um tempo proporcional à energia, à agilidade e ao bom senso empregados.

11

Para vencer o destino

A ARTE DE TRIUNFAR • A ARTE DE SER FELIZ

Sob este título, eu resumo e completo o programa que me impus ao escrever este livro. Com efeito, desenvolvendo, nos capítulos precedentes, os meios que me pareciam melhores, mais simples e práticos para adquirir a influência pessoal, apliquei estes meios a todos em geral, sem insistir nos dois pontos que resumem por si sós a finalidade da nossa existência.

1. A ARTE DE TRIUNFAR
2. A ARTE DE SER FELIZ

É para preencher essa lacuna que acrescento o que segue. Primeiramente, algumas palavras relativas ao destino.

O *destino* (do verbo *destinar*) é, segundo os fatalistas, o encadeamento necessário e inevitável das causas determinantes dos bons ou maus sucessos que se sucedem constantemente. Segundo os antigos, o destino dá a cada indivíduo, no momento de seu nascimento, a parte de bem ou de mal que lhe advém, sem mudança possível. As suas condições estavam reguladas de antemão pelas grandes divindades. Estas, quase impotentes para modificar a sua marcha e suas manifestações, eram também vítimas dele de certa maneira. "O próprio Zeus era um escravo do destino."

É a personificação do *destino* que, ainda hoje, segundo a crença popular, submete não só o homem, mas ainda a natureza inteira, à fatalidade.

O destino, que é impiedoso para a planta, o animal e o homem inferior, já não existe para o homem superior que, aprendendo pouco a pouco a dominar e dirigir os acontecimentos, soube conquistar o império da natureza.

Os primeiros, sempre agitados pelas circunstâncias mais diversas e mesmo mais opostas, incapazes de prever e resistir, podem ser e são freqüentemente precipitados na *fatalidade*, ao capricho daquilo a que chamam impropriamente o acaso, sobre os recifes da vida, onde se quebram como um navio desamparado e sobre os rochedos, onde os atiram a tempestade. Mas desde que o homem consegue aprender a prever alguns acontecimentos, diminui já, de certa forma, os efeitos da fatalidade; e quando ele quer dirigir seriamente sua evolução, começa a aprender a tomar um lugar especial na natureza. Em vez de ser joguete dos acontecimentos, dirige-os de certo modo; em todos os casos, mesmo sem que o perceba, atrai as boas coisas da vida e repele as más; em vez de ser dominado pelas forças brutais da natureza, pelo contrário, domina-se e submete-as.

O *acaso* já não existe; é uma palavra que não exprime senão a soma de nossa ignorância.

Todo efeito tem sua causa; e mesmo com os conhecimentos limitados que possuímos, podemos com freqüência estabelecê-la, pois tudo se encadeia, o presente é a conseqüência natural do passado, como o futuro, preparado pelo presente, está sob sua dependência imediata.

Em uma pequena obra intitulada *O Acaso e suas Relações com Nossa Mentalidade*, Albert d'Angers faz perfeitamente compreender esta importante verdade. Portanto, não é nem o acaso nem o destino o que nos condenam a infelicidades que parecem inevitáveis, mas, sim, nossa imperfeição, nossa imprevidência, nossa maldade e todo o conjunto de faltas e más ações que anteriormente cometemos. Este estado de falta de sorte, em que a adversidade parece ferir-nos com golpes redobrados, pode ser atenuado num prazo relativamente curto pela nossa vontade. E, com o tempo, podemos mesmo desviar-lhe o curso quase completamente. De infelizes, podemos tornar-nos felizes. É a energia unida às qualidades de caráter que decide nosso destino.

"O homem não foi lançado na vida sem armas — diz Atkinson. — Ele recebeu como dom a vontade e, por meio dela, faz-se senhor de seu destino. Por meio dela pode dirigi-lo neste ou naquele sentido, para este ou aquele fim e dar-lhe esta ou aquela significação. Quaisquer que sejam os meios que se considerem e os homens que se interroguem, esta verdade parece universal.

"Em negócios, por exemplo, são as qualidades de espírito, os atributos de caráter e as tendências do temperamento que determinam o êxito.

"É a energia, a coragem, a confiança, a ambição e a obstinação que conduzem o indivíduo, através de uma alternativa de sucessos e reveses, a um fim e lhe permitem resistir às circunstâncias e aos acontecimentos. É por todas essas qualidades, que estão esparsas nele, que a vontade aproxima e coordena, que ele pode combater o mal de triunfar sobre ele." *(A Força do Pensamento)*

Para evitarmos as conseqüências da fatalidade que pesa realmente sobre a maioria, é indispensável que desenvolvamos o *magnetismo pessoal,* submetendo-nos a uma boa higiene física e moral e a exercícios apropriados, para gozarmos de uma saúde tão perfeita quanto possível, fazendo o bem e evitando o mal; sendo moderados e previdentes; e sabendo por uma vontade ativa, dirigir nossos pensamentos para um ideal suscetível de nos levar ao objetivo que almejamos.

Uma pessoa de desenvolvimento médio — um advogado, um engenheiro, um médico, um comerciante, um industrial, cujos negócios correm bem; um empregado e mesmo certos operários — que, sem serem completamente felizes, não são, todavia, infortunados, na acepção própria do termo — podem ter primeiro um ideal filosófico ou mesmo religioso, para favorecer seu desenvolvimento mental, e, em seguida, um ideal mais terra-a-terra para melhorar-lhes o bem-estar e a abastança, se o nascimento não lhes brindou com a fortuna. Aquele que já possui este bem-estar e não tem necessidade de ganhar dinheiro para prover às suas necessidades materiais, pode dirigir suas aspirações para as ciências, artes, literatura, coleções.

Um duplo ideal parece-me essencialmente útil, pois não se pode, sem fadiga, pensar constantemente em uma mesma coisa.

A fadiga exagerada não tardaria em determinar o esgotamento de um ou vários grupos de células cerebrais, e este esgotamento, sem ser fatal, poderia imobilizar-nos, durante um tempo mais ou menos longo, reduzindo-nos à impotência.

Enquanto trabalhamos em uma direção, as células de certos grupos são as únicas ocupadas e, dando à corrente de nossos pensamentos outra direção, novas células entram em atividade e as que estão fatigadas repousam. Um ideal e mesmo dois são, pois, indispensáveis para fixar no intelecto dos indivíduos medianamente desenvolvidos os meios que devem conduzi-los a este ou àquele fim, porém, não devem ser mais numerosos, pois seus pensamentos, isto é, suas forças, em lugar de se concentrarem, se dispersariam demais para poderem agir utilmente.

Aqueles que ainda estão no lodaçal do infortúnio não devem ter senão um só e único ideal: *alcançarem êxito em suas empresas para se fazerem felizes.* Os esforços requeridos por este ideal são absolutamente necessários, pois aquele que não se esforça para nada, fica primeiro estacionário e, depois, não tarda a tornar-se inferior em inteligência aos que buscam um fim determinado e bem definido, pois, em razão da teoria que desenvolvi, suas idéias vagas, indecisas e sem energia atraem idéias análogas, que não possuem nenhum poder construtor, e suas faculdades intelectuais, insuficientemente exercitadas, se atrofiam mais ou menos depressa.

O desenvolvimento da individualidade, que nos conduz paulatinamente à perfeição, não tem limites, pois a eternidade se estende diante de nós.

Qualquer que seja o grau de nosso desenvolvimento, quaisquer que sejam as alturas onde nos encontremos, há sempre cumes mais elevados que havemos de atingir mais tarde.

Trabalhemos, pois, sempre pelo nosso desenvolvimento, com certeza absoluta de que o menor dos nossos esforços não será perdido e dele aproveitaremos num futuro mais ou menos afastado.

Porém, muitas pessoas infortunadas dirão, certamente, que o seu infortúnio é muito grande e que dura há um tempo demasiado longo para que possam superá-lo; por conseguinte, é inútil procurar sair dele. Este raciocínio é falso. Parece, entretanto, evidente que, se uma pessoa foi muito infeliz durante sessenta anos, por exemplo, torna-se quase impossibilitada, apesar de seus esforços, de melhorar seriamente os dias que lhe restam a viver, pois o que se chama impropriamente destino, pesa fortemente sobre ela.

Seus esforços não serão perdidos; se deles aproveitar muito pouco na vida atual, se recompensará largamente mais tarde.

Para bem compreender esta verdade, é preciso admitir que a morte não passa de uma mudança de estado, sem ser o fim da vida; convém admitir também, como o fazem os teósofos espiritualistas, a pluralidade das existências, conforme o que expliquei num breve bosquejo relativo à nossa *imortalidade*.

Compreende-se, pois, que as nossas existências anteriores prepararam a existência atual, como esta prepara as que virão mais tarde. Não somos nem recompensados nem punidos por nossas boas ou más ações, como ensina o cristianismo, mas estas são as causas diretas e inevitáveis de nossa felicidade ou infelicidade; em resumo, são os fatores do nosso destino. Como este último nos pertence pessoalmente, cabe a nós dirigi-lo segundo as nossas aptidões, para o fim que mais desejamos.

Somos como o trabalhador que cultiva o seu campo, faz a sementeira e a colheita. Quanto melhor for o campo cultivado, e a semente escolhida, tanto mais vantajosa será a colheita. Saibamos, pois, cultivar o campo do nosso destino, semeemos bons pensamentos, façamos boas ações e colheremos o êxito e a felicidade em abundância.

Colheremos quase imediatamente nesta vida uma parte da safra e mais tarde, numa outra vida, o resto.

É esta a lei da natureza que permite compreender por que uns nascem na abastança, com todos os atributos de um bom destino, enquanto outros, já marcados na fronte por uma estrela fatal, nascem na lama da miséria, de que só conseguem sair à custa de penosos e contínuos esforços. Segundo expressão dos sábios da Índia, eles consomem o seu mau *karma*.

Apressemo-nos, pois, em abandonar os pensamentos de maldade, ódio, tristeza, desânimo e enfermidade, para substituí-los pelos de benevolência, amor, alegria, coragem, esperança e saúde, pois os primeiros, que são negativos e destrutivos, são portadores de desgraça, de doença, ao passo que os outros são positivos, construtivos e produtores certos do êxito e da felicidade.

"Toda pessoa que pensa continuamente em doenças — diz Mulford — emite germes de doença; se ela pensa em saúde, força, alegria, emite germes que determinam, tanto em si como nos outros, a alegria e a saúde." *(Nossas Forças Mentais)*

Desde a antiguidade mais remota, os filósofos admitem, com justa razão, que o homem é o que pensa, pois torna-se paulatinamente o que deseja ser. É fazendo alusão a esta verdade que o Evangelho nos diz que "é preciso edificarmos nós mesmos nossa casa nos céus", isto é, transformar-se desde já no que se deseja ser mais tarde. Os céus não estão em nenhuma parte do espaço; estão cá embaixo e em toda parte onde quisermos assegurar a nossa felicidade.

Para fazermos um destino feliz, os meios que indiquei precedentemente, unidos aos que vão a seguir, bastarão amplamente para todos os que quiserem seriamente tomar a sua direção. Eles não tardariam a constatar que suas forças físicas e morais se desenvolvem, que seu julgamento torna-se mais sadio, que a consideração para com eles aumenta, que sua intuição dirige-os para caminhos mais fecundos; e logo perceberão, com prazer, que as boas coisas da vida começam a vir a eles, sem que nada façam de especial para atraí-las.

Ainda que o destino seja quase inseparável da felicidade e do que se chama o êxito em geral, vou tratar, de modo mais especial, dessas duas aspirações.

Para triunfar. — Desde que os americanos puseram em moda o magnetismo pessoal, um grande número de autores de todos os países, muito diversamente recomendáveis, tratou da arte de *triunfar* sob as suas formas mais variadas. O que vou dizer a este respeito dirige-se a todas as classes da sociedade: ao rico que procura um ideal para ocupar os seus lazeres; às pessoas abastadas que desejam uma profissão liberal, assim como às pessoas do povo que são forçadas a abraçar uma carreira qualquer, a dar-se aos trabalhos intelectuais ou aos trabalhos manuais ou a empreendimentos de que esperam, se não a fortuna, ao menos uma posição cômoda que lhes assegure a educação de sua família em boas condições pecuniárias.

Não tratarei aqui dos meios de satisfazer todas as aspirações mas, a título de exemplo ou de modelo, que servirá para cada uma delas, com algumas modificações insignificantes, vou tratar mais detalhadamente do êxito nos negócios em geral e dos meios que me parecem mais acertados e fáceis de se porem em prática, sobretudo para aqueles que já se familiarizaram com as regras do *magnetismo pessoal.*

"A fortuna sorri aos audaciosos", diziam os antigos; Garfield acrescentou depois: "Não se espera a fortuna, avança-se para ela".

A audácia, que é o resultado de uma vontade brutal e irrefletida, longe de conduzir ao êxito é, muitas vezes, suscetível de levar à ruína o audacioso que não possui outras qualidades. Quando muito, é recomendável em alguns momentos, para *obter um negócio.*

Uma vontade refletida, persistente, é sempre necessária para assegurar o êxito na profissão que se escolhe, como em geral em todos os negócios comerciais, industriais ou outros que se empreende.

Para que um jovem possa triunfar na profissão que escolheu, é indispensável que tenha estudado suas aptidões e tenha examinado se esta profissão lhe convém realmente. Para isto, cumpre consultar seus gostos, tendências, forças, aptidões e mesmo defeitos, pois todos nós temos disposições especiais que nos permitem chegar, mais ou menos depressa e mais ou menos bem, a uma situação desejada, ao passo que, apesar de nossa boa vontade, não faríamos senão vegetar em uma outra. Assim é que um mau médico, que não sabe curar seus doentes, nem conservar sua clientela, poderia fazer fortuna no comércio ou na indústria; um advogado, que não faz fortuna no ofício, poderia muito bem ser um excelente médico, um talentoso engenheiro ou um arquiteto modelo.

Para que cada qual possa achar o lugar adequado que deve ocupar, convém romper com as tradições de família, que querem que o filho abrace a carreira do pai, sobretudo quando este acertou em lograr a riqueza e o bem-estar ao seio do lar. Em razão do meio onde ele foi criado, o filho pode ter as mesmas aptidões que o pai, e fazer fortuna por sua vez, mas pode também ter aptidões diametralmente opostas e não ser capaz, no caminho seguido pelo pai, senão de dissipar insensatamente a sua herança.

Fatos assim observam-se por toda a parte, em todas as classes sociais e falam bem alto para que eu me dispense de citar exemplos.

Antes de abraçar uma carreira qualquer, liberal, artística, literária, administrativa, comercial, industrial ou qualquer outra, convém primeiramente pôr-se à altura da sua tarefa, conhecendo-a em seus menores detalhes, pois é evidente que, se ignoramos alguns, estamos expostos, muitas vezes, a enganar-nos ou deixar-nos iludir. É-nos preciso, ao mesmo tempo, orientar a corrente de nossos pensamentos para o fim a atingir. Desde que o caminho esteja escolhido e o fim visado, é indispensável não pensar senão em atingi-lo ou, pelo menos, não se preocupar com outro assunto importante. Não deve olhar nem para a direita nem para a esquerda e, sobretudo, para trás, se não for para continuar no caminho já percorrido.

Para isto, uma condição é absolutamente necessária: querer. Mas não basta dizer da boca para fora "eu quero"; é de rigor que a vontade parta do mais fundo recesso da consciência e que nasça de um vivo desejo de êxito; que seja calma, constante, uniforme; e que, sem orgulho, mas com nobre altivez, tenhamos a máxima confiança em nosso valor pessoal, na eficácia dos meios empregados ou que nos propusermos empregar e tendo a mais absoluta certeza de vitória.

Com tudo isso, são ainda necessários: a coragem, o bom senso, certa ambição, ainda que apenas para satisfazer o amor-próprio, a constância, a perseverança, a tenacidade e obstinação mesmo. É pelo conjunto dessas qualidades coordenadas e reunidas em um feixe pela ação do juízo e da vontade, tal como, por uma lente, se reúnem em seu centro os raios luminosos e magnéticos que atravessam paralelamente o seu eixo, que nós nos tornamos aptos não só a dirigir-nos, como também a vencer todos os obstáculos que se antepuserem aos nossos passos, sem jamais impedir-nos de visar o fim que almejamos.

É evidente para todos que, no princípio da vida comercial, industrial ou outra qualquer, os empregados mais corajosos, perseverantes e trabalhadores são os mais bem pagos e suscetíveis de progresso rápido.

A ambição, quando não ultrapassa o conjunto das outras qualidades, é um auxiliar de primeira ordem e essencialmente muito útil.

Assim, o modesto empregado, que inicia a vida comercial aos 13 ou 14 anos, em qualquer estabelecimento, deve procurar fazer melhor trabalho que seus colegas, a fim de ganhar consideração e ser apontado para um posto mais elevado e mais bem remunerado. Certamente deve ter a ambição de tornar-se um empregado modelo entre os que contam mais anos de serviço. O seu desejo não deve parar aí, mas propender para um lugar de maior vulto; o de chefe da seção, do departamento de expedição ou do escritório.

Sempre por seu trabalho e seu mérito, o empregado deve aspirar a um cargo superior e tornar-se o auxiliar imediato do patrão ou diretor e mesmo substituí-lo, quando a ocasião se oferecer.

É com estas disposições ambiciosas e outras que as favoreçam que um modesto empregado pode tornar-se sócio e mesmo diretor de uma grande e rendosa empresa; e que um indivíduo, tendo o *tino dos negócios*, estabelece, com uma pequena soma de dinheiro, um comércio minúsculo, que vai, depois, aumentando, até tornar-se uma casa colossal.

Sem falar dos multimilionários norte-americanos que se tornaram os reis do comércio e da indústria; em Paris, Potin com sua mercearia, Ruel com o Bazar do *Hôtel de Ville*, Chauchard e Boucicant com os *Grands Mogasins* do Louvre e do *Bon Marché*, são exemplos notáveis. Para tais resultados, uma instrução superior teria sido provavelmente prejudicial; em todo caso, ela não é necessária.

Para o caso acima, basta somente uma boa instrução fundamental e, sobretudo, uma instrução especializada extremamente sólida e que diga respeito quase exclusivamente ao conhecimento dos *artigos* que se deseja explorar.

Esta instrução especializada que a pessoa adquire, às vezes, muito rapidamente, como empregada em outros estabelecimentos deve ser secundada pelo bom senso, uma vontade poderosa e outras qualidades, como atrás dissemos. Antes de empreendermos um negócio importante, convém que pensemos nele muitas vezes; que concentremos nosso pensamento no objetivo principal, e que nele meditemos, para fixar no intelecto todos os elementos úteis que a ele se referem e rejeitar os prejudiciais. Em todos os casos, com alternativas de repouso e atividade bem calculadas, é indispensável que não o percamos de vista, nem mesmo por um dia.

Goethe prepara sua concepção do *Fausto* durante trinta anos; e é pensando sempre na mecânica celeste que Newton constata a gravitação universal.

Quando, após madura reflexão, um projeto de empresa se estabelece, devemos delinear um plano de execução tão completo quanto possível, imaginando-o sempre em seus mínimos detalhes.

Sabemos que "o pensamento é um ato incipiente". É um embrião que procura desenvolver-se. Intensificando-o, este ato embrionário se torna um ato real. Repetindo-o, ele torna-se um hábito, fixa-se e não tarda a transformar-se em parte integrante de nós mesmos.

Executado quase sempre de um modo automático, exerce uma influência considerável em nosso destino e decide, muitas vezes, nosso futuro; é a vitória acompanhada de felicidade ou o fracasso, com a má sorte que nos persegue até no além-túmulo. É, pois, de absoluta necessidade, feito e planejado definitivamente um projeto, não abandoná-lo para pensar em outro negócio do mesmo gênero ou num outro empreendimento.

"Todo plano, todo projeto, todo esforço que se refira a um negócio ou invenção — diz Mulford — é uma construção real de elemento visível e este edifício virtual é também um ímã, pois atrai forças construtivas. Persevere em seu plano ou projeto e estas forças se aproximarão de você cada vez mais e se tornarão cada vez mais fortes e produzirão resultados cada dia mais favoráveis. Abandone seu projeto, e você deterá a vinda dessas forças e destruirá a força magnética anteriormente reunida por você. O êxito de todo empreendimento depende inteiramente desta lei." *(Nossas Forças Mentais)*

Pensando freqüentemente nesse plano, como já dissemos, não devemos, todavia, pensar constantemente nele, pois acabaríamos, deste modo, por nos fatigar e, como o corpo não é senão o instrumento do espírito, já não o poderia empregar utilmente. Portanto, se o trabalho é indispensável para o êxito, não o é menos o repouso.

Algumas horas de passeio de bicicleta ou de outra forma em que a pessoa não pense senão em descansar, em se distrair, não são jamais perdidas.

Sabemos que a elaboração dos pensamentos continua em condições favoráveis, sob a direção da parte inconsciente, enquanto a inteligência se preocupa com outra coisa e quando não pensamos em nada, sobretudo durante o sono profundo.

É, pois, muito útil meditar profundamente, à noite, no leito, durante dez ou quinze minutos, sobre o plano do projeto, e adormecer não pensando em nada, conforme os princípios preestabelecidos na parte que chamamos *isolamento.*

"Para obter o maior êxito em qualquer negócio — disse-o já Mulford —, para fazer grandes progressos em uma arte, para favorecer uma causa, é absolutamente necessário, diariamente, com alguns intervalos, esquecer totalmente tudo o que se refere a esse negócio, a esta arte ou a esta causa, a fim de repousar o espírito e reunir forças frescas para um novo esforço.

"Pensar continuamente no mesmo projeto, no mesmo estado, na mesma especulação que se deve fazer ou não, é dissipar esta força numa roda de moinho que gira no vácuo. Assim, repetimo-nos sempre a mesma coisa.

"Edificamos pela centésima vez, com este invisível elemento-pensamento, sempre a mesma casa e a segunda é já uma inútil repetição da primeira. Aquele que tem propensão a pensar sempre na mesma coisa, a falar sempre dela, sem perdê-la de vista; aquele que não pode seguir o fio de outra conversação, sem se interessar pelo que dizem ao seu redor, e que não sabe senão falar do assunto ou calar-se, está bem perto da monomania." *(Nossas Forças Mentais)*

Durante o dia, muitas vezes, podemos achar um repouso de grande valor no *isolamento repetido*, uma ou duas vezes por dia, durante oito ou dez minutos, não pensando em nada. Atkinson encontra este meio de repouso na *concentração*, pensando num assunto diferente.

"O homem é, por essência, um ser limitado — diz ele. — O repouso é-lhe necessário. O método de concentração dá-lhe o repouso, e por isso este pode juntar-se aos benefícios que indicamos atrás.

"Se você está esgotado fisicamente por um longo esforço ou por um trabalho excessivo, basta sentar-se numa cadeira ou poltrona confortável, e distender seus membros. Você obterá um benefício imediato. Seus músculos se afrouxarão, seus nervos se acalmarão e tudo em seu ser será mergulhado num agradável torpor.

"Mas, ao mesmo tempo, o seu pensamento, concentrando-se num dos objetivos que você tem em vista ou num desígnio que persegue, facilitar-lhe-á a tarefa do dia seguinte e assegurar-lhe-á o êxito. Você será menos exposto aos acidentes, às aventuras e aos abismos em que o homem pode cair com facilidade e sua caminhada não encontrará obstáculos.

"É assim que você trabalhará, ao mesmo tempo, para o seu repouso e em seu interesse, pois que, sem novas fadigas, você preparará os esforços e as etapas sucessivas que lhe restam a completar.

"Como o homem se distrai de uma ocupação com outra, assim você recreará com a mudança de um pensamento por outro.

"Efetivamente, cada pensamento que age, afeta uma célula do cérebro.

"Importa, pois, que os pensamentos se sucedam, para que as células cerebrais se alternem em seu funcionamento. Pode ser que uma das células que você afetou tenha uma tendência a prosseguir o seu trabalho, mas se você é capaz de se concentrar, não terá nenhuma dificuldade em retê-la e imobilizá-la e, depois de algum tempo, haverá para ela um repouso completo.

"É exatamente o que se passa quando, depois de um longo tempo de esforços e preocupações, você toma, para se recrear, um romance interessante. A leitura desse romance não se faz, evidentemente, sem fadiga, mas esta afeta não as células cerebrais que você quer restaurar, mas aquelas a que você nada pediu. De modo que as primeiras repousam e as segundas entram em atividade. E o resultado final é uma espécie de equilíbrio ou de harmonia física que gera o bem-estar e o repouso."

Uma das mais indispensáveis condições para agirmos na plenitude de nossa força é estarmos calmos, pois a agitação irrefletida conduz a atos que jamais pensaríamos praticar. "Os poderosos — diz o autor precedente — são os que jamais abandonam o sangue-frio, os que não se comovem nem se irritam por nada e demonstram em todas as circunstâncias uma fisionomia risonha e serena." *(A Força do Pensamento)*

A esse respeito, dissertando sobre as vantagens da meditação, Payot, reitor da Universidade de Chambéry, diz-nos o seguinte:

"O agitado tem necessidade de agir; e a sua atividade traduz-se pela ação freqüente, incoerente e imediatista. Mas, como todos os sucessos da vida não se obtêm senão pela continuidade dos esforços na mesma direção, essa agitação desordenada faz muito ruído, porém, pouco ou nenhum trabalho proveitoso.

"A atividade orientada e segura implica a meditação profunda. E todos os grandes ativos, como Henrique IV e Napoleão, refletiram longamente antes de agir, quer por si mesmos, quer por seus ministros.

"Quem não medita, quem não tem sempre presente na memória o plano geral a seguir, não procura assiduamente os melhores meios para atingir os fins parciais, torna-se, necessariamente, o joguete das circunstâncias; o imprevisto perturba-o e obriga-o, a todo instante, a virar o leme a esmo, o que acaba por lhe fazer perder a direção geral a seguir. Todavia, vê-lo-emos, a ação deve sempre seguir a reflexão meditativa; por si só esta não basta, embora seja a condição necessária de toda vida fecunda." *(Educação da Vontade)*

O mesmo autor considera, com justa razão, a calma necessária para o êxito como a condição indispensável para a cristalização.

"Em química — diz ele — se numa solução, que contém vários corpos em saturação, mergulharmos um cristal, das profundezas da solução, as moléculas da mesma natureza que o cristal, movidas por uma atração misteriosa, vêm agrupar-se, lentamente, em redor dele.

"O cristal aumenta pouco a pouco e, se a calma durou meses, obtêm-se esses admiráveis cristais que, por seu volume e beleza, fazem a alegria e o orgulho de um laboratório.

"Se se perturba o trabalho, a cada instante, com a agitação do líquido, o depósito se faz irregular e o cristal fica imperfeito e muito pequeno.

"Sucede o mesmo em psicologia. Se mantivermos no primeiro plano da consciência um estado psicológico qualquer, insensivelmente, por uma afinidade não menos misteriosa que a primeira, os estados intelectuais e afetivos da mesma natureza vêm agrupar-se em torno dele. Se este estado é mantido durante longo tempo, pode organizar em torno de si uma considerável massa de potências; adquirir, de modo decisivo, uma soberania quase absoluta sobre a consciência e fazer calar o que lhe for estranho.

"Se essa *cristalização* se operou lentamente, sem irregularidades, sem interrupções, toma um caráter de solidez notável.

"Organizado assim, o grupo tem algo de poderoso, calmo e definitivo.

"Note que não há, talvez, uma idéia que não possa, se quisermos, criar em nós uma *tribo* bastante considerável.

"As idéias religiosas, o sentimento materno e mesmo os sentimentos miseráveis e vergonhosos, como o amor ao dinheiro pelo dinheiro, podem desenvolver-se em nós até se tornarem todo-poderosos." *(Educação da Vontade)*

No seu *Curso de Magnetismo Pessoal*, Turnbull é ainda mais categórico:

"O homem cuja força de vontade — diz ele — é a mais eficaz, não é o que cerra os dentes, vira os olhos, toma um ar ameaçador, endurece os seus músculos e se põe brutalmente à obra.

"Este pode ter algum êxito, mas gasta energias e não pode lutar contra o homem calmo, tranqüilo e confiante em si mesmo. O calmo e tranqüilo põe-se resolutamente à obra, acolhe o fracasso com um sorriso e recomeça, com paciência, a mesma tarefa, pois deposita fé em sua capacidade de vencer. Não transforma esta força em combate, como faz o outro indivíduo, mas considera-a simplesmente uma manifestação de atividade inteligente, cujo resultado só pode constituir-se em sucesso."

Visando apenas seu objetivo, o comerciante, o industrial e todos os que possuem a influência pessoal ou que trabalham para adquiri-la, devem ter sempre o máximo escrúpulo de honestidade e fazer tudo o que for possível para jamais prejudicar alguém.

Atkinson insiste sobre este ponto nos seguintes termos:

"Insistimos bastante nisso porque temos em vista o interesse do operador e do paciente. Não há dúvida, com efeito, de que, se o operador reservasse seus meios de influência para fins condenáveis, comprometeria infalivelmente não só sua autoridade e seu prestígio, mas ainda a própria fonte do seu poder.

"Poderia ter êxito provisoriamente mas o seu desastre final seria inevitável. Poderíamos demonstrá-lo racionalmente, se esta demonstração não nos parecesse supérflua. Os nossos leitores não têm certamente necessidade de que se lhes prove que um poder, que foi dado ao homem para fins superiores, não pode ser posto a serviço de interesses inconfessáveis e baixas paixões. Porém, nada lhe proíbe usá-lo para seus legítimos interesses e desejos louváveis.

"O operador pode muito bem, por exemplo, dirigi-lo para o fim comercial. Se ele trata com alguém alheio a seus interesses e finalidades, ser-lhe-á perfeitamente permitido usar da sua potência magnética para reduzir a hostilidade que encontrar ou vencer a resistência que se lhe opuser.

"Todavia, neste caso ainda, o operador não deve buscar senão um fim honroso. A probidade é um dever nos negócios, e o roubo não se justifica jamais.

"Se, pois, o poder magnético fosse destinado a um desígnio desonesto, o operador seria objeto de censura e teria que sofrer algum dia o mal cometido numa proporção relativa a esse mesmo mal. É este pensamento que traduz, sob outra forma, o velho ditado: *Colhemos o que semeamos.*

"De resto, estamos aqui falando um pouco fora de propósito, pois a experiência demonstra que, os que adquiriram, em toda a sua extensão e plena eficácia, o poder da vontade, não tentaram nunca fazer dela um mau uso. Instintivamente, eles a destinam a fins elevados e morais." *(A Força do Pensamento)*

Mulford explica perfeitamente o motivo desse fato num capítulo intitulado "A Lei do Êxito":

"Quando o homem está num estado de espírito confiante, decidido, calmo e tem em vista um projeto determinado, *baseado no direito e na justiça*, põe em movimento uma corrente silenciosa extremamente poderosa, que atrai as pessoas, cuja cooperação lhe é necessária.

"Se o seu projeto não se baseia no direito e na justiça, porá, mesmo assim, em atividade, esta mesma força silenciosa, mas com resultados negativos.

"É impossível obter êxito duradouro pela fraude e pelo ardil; pois estes atrairão fatalmente as fraudes e artimanhas dos outros, e passará então a tratar com pessoas desonestas, pois estas, em virtude de uma lei natural, se agrupam sempre. Mas, cedo ou tarde, elas se prejudicarão mutuamente de algum modo." *(Nossas Forças Mentais)*

O dinheiro é indispensável à satisfação de nossas necessidades materiais ainda que desprezível por si mesmo; é necessário, pois, desejá-lo até um certo ponto, mas sem pô-lo no primeiro plano de nosso ideal, pois ele não faz a felicidade.

Devemos, antes de tudo, visar um fim humanitário. Para vender muito, o comerciante deve vender melhor e mais barato que os seus concorrentes; o industrial deve sempre produzir artigos de qualidade superior, tendo ambos a certeza absoluta de que, se o conseguirem, *o dinheiro lhes virá por acréscimo*, como afirma o provérbio.

Há uma qualidade necessária que ainda não mencionei: a *esperança*. Kant denominava-a *benfeitora da vida*. Se a esperança é tão salutar é porque é a mais doce das paixões expansivas e, ao mesmo tempo, a mais constante, pois jamais abandona o que sofre.

Fica no fundo do coração como ficou outrora no fundo da caixa que Epimeteu teve a imprudência de abrir. Anima o homem, mesmo no fim de seus dias, e o acompanha até a morte. Com justa razão deram-lhe os antigos o título de "ama da velhice". É esta nobilíssima qualidade que fez dizer ao autor da *Henriade*:

Do Deus que nos criou, a clemência infinita,
Para abrandar os males desta curta vida,
Colocou, entre nós, dois seres benfeitores
Da terra, para sempre habitantes amáveis,
Apoio nos trabalhos, tesouros na indulgência;
Um é o doce sono e o outro a esperança!

Falei de certas qualidades mestras do êxito, mas nada disse acerca dos defeitos dos quais o homem deve desembaraçar-se a todo custo.

Para terminar este estudo relativo à arte de triunfar, faço ainda apelo à autoridade de Atkinson para expor os efeitos desastrosos do *temor* e do *ódio*.

"O temor destrói a energia, o ódio desumaniza o homem; o primeiro o enfraquece, o segundo o perde. Pelo primeiro, cai gradativamente no abatimento, na desesperança, na impotência. Pelo segundo, despoja-se de sua humanidade e rebaixa-se ao nível dos animais; abafa em si todo germe moral; destrói com suas próprias mãos os dons que Deus lhe deu.

"O temor paralisa a iniciativa, afrouxa o caráter, entorpece a energia e degrada o indivíduo.

"Milhares de pessoas vêem cortada a sua carreira por ele. Tinham todos os meios para vencer; inteligência, ambição, saúde; mas uma dupla força lhes faltou: a coragem de querer e a força de agir.

"Abandonar o temor é, pois, para o homem que aspira ao êxito, uma necessidade imperiosa. É por esta libertação que ele se prepara para o desempenho de todos os deveres e responsabilidades que lhe pesam. Empregando livremente todos os recursos de sua inteligência, energia e vigor, estará sempre à altura de sua tarefa. Não terá receio de agir, nem de avançar. Ele se lembrará que a vida não passa de uma longa ascensão para um fim um tanto vago e que o homem que fica no meio do caminho não cumpre a sua tarefa nem seu dever.

"Mas não é só contra o dever que o temor conspira. Ele ameaça ainda a felicidade do indivíduo.

"O homem, cujo espírito é assaltado pelas inquietações, não tem prazer em nada.

"Se chega a possuir alguma coisa, *receia* perdê-la; se deseja uma outra, *desespera* de obtê-la.

"Sua vida não é senão um longo pesadelo e suas noites e dias, povoados de fantasmas." *(A Força do Pensamento)*

Para desembaraçar-se desses obstáculos e seguir o caminho do êxito, disse-o já, não convém atacá-los de frente, dizendo: *Não quero temer nada; não terei mais ódio de ninguém*; mas é preciso, *recorrendo à auto-sugestão, à absorção da energia e à transformação das forças*, substituí-los por qualidades opostas e considerar-se possuidor destas.

Em um trabalho de Albert d'Angers, *Para Prosperar (Meios Práticos)*, encontram-se documentos, apreciações e observações preciosas que são particularmente úteis a quantos queiram abrir caminho feliz na vida ativa.

Para ser Feliz — O que é a felicidade, e o que é a infelicidade?

Eis duas palavras que não são definidas e não dão senão uma idéia imperfeita do que pretendem dizer.

A felicidade e a infelicidade não existem por si mesmas. Indicam duas condições de existência que são, aparentemente, muito diferentes uma da outra, pois o que faz a felicidade de um, causa, algumas vezes, infelicidade de outro. Estas condições estão, pois, em nós e não fora de nós. São estabelecidas por nosso modo de concebê-las, por nossos hábitos, caráter e também por nossa saúde física e moral. Assim é que certos indivíduos se consideram muito felizes em uma situação modesta, ao passo que outros são realmente infelizes possuindo fortuna, estima e consideração de seus concidadãos.

Entre o rico efeminado, soberbamente vestido, que não pensa senão nos prazeres egoístas, e o pobre andrajoso e honesto, o contraste é impressionante.

Enervado pelos excessos, quase sempre descontente, o primeiro não tarda a ficar entediado e perder o interesse em tudo.

Obrigado a cortejar pessoas que não aprecia e a passar uma parte de suas noites nas recepções suntuosas que dá ou em que deve tomar parte, ele não tem o repouso suficiente. Possui uma galeria de quadros, cujo valor desconhece e os automóveis mais luxuosos sucedem-se nas garagens de seu palácio. Vive cercado por uma hierarquia de criados que, apesar da polidez, estão mais ocupados em servir a si mesmos que ao seu patrão.

Fatigado da culinária requintada de seu cozinheiro, que é antes um hábil químico, freqüenta os melhores restaurantes e paga a peso de ouro os pratos mais finos e os vinhos mais deliciosos, os quais mal experimenta porque seu estômago, doente como seu sistema nervoso, recusa o alimento.

Bocejando de tédio, de inquietação e de toda aquela miséria dourada, apela para os "príncipes da ciência", incapazes de o aliviar, pois não se submete ao regime que constituiria a base de seu tratamento.

O outro, sem domicílio fixo, dorme onde pode encontrar abrigo. Não tendo senão necessidades limitadas, alimenta-se de coisas frugais e bocados incertos. E quando, por acaso, arranja, por meios honestos, uma boa refeição, goza realmente de certo prazer. Se esse estado de miséria se prolonga por meses e anos, ele acaba por suportá-la com certa paciência, esperando melhores dias para o futuro.

Esta esperança vivificante falta ao primeiro, pois a fortuna que ele dispersa tolamente domina todas as suas ambições e não lhe permite a menor esperança. Rebaixou-se a si mesmo e esse rebaixamento confunde-o com o miserável na aspiração comum: a busca da *felicidade*.

Comparemos agora esse rico infeliz — que se considera, todavia, como um afortunado da Terra — com um inteligente e econômico operário que ganha bem pouco.

Apesar deste minguado salário, ele acha meio de educar honradamente a família, de fazer algumas economias para os dias magros e se distrair convenientemente de tempos em tempos.

Forte e bem disposto, trabalha facilmente, cantarolando alegres cantigas; e se, após bem empregadas semanas, desejando distrair-se uma noite, diz à mulher: "Esqueça as panelas e, para mudar um pouco, vamos jantar no restaurante", então, com a pequena soma que ganha, fazem juntos uma deliciosa refeição que saboreiam com grande apetite.

Se vão uma noite ao teatro, aplaudem a representação dos artistas e apreciam o espetáculo que lhes enche de alegria. Ao tornar a casa, mostram-se perfeitamente felizes. Ele se sentirá repousado e, no dia seguinte, retomará corajosamente o trabalho.

Parece-me que esta comparação basta amplamente para fazer compreender qual dos dois é mais feliz.

É o rico avaro mais feliz do que o que vive à cata dos prazeres mundanos?

Evidentemente não! É, na realidade, apenas um pobre homem "curvado ao peso de suas riquezas, que ele não aproveita nem permite aos outros aproveitarem; uma espécie de cão humano ao pé de seu canil, o qual gasta todas as suas forças a vigiar e a rosnar por um angu que não come e nem deixa que comam, vindo por fim a morrer pela emissão contínua de pensamentos envenenados, efeitos de sua avareza e rabugice". (Mulford, *Nossas Forças Mentais)*

A fortuna, o lugar que habitamos, a estima e a consideração de que a pessoa goza, não bastam, portanto, para a sua felicidade. A Força, a mocidade, a beleza, que são bens efêmeros, a inteligência mesma, tal como se concebe ordinariamente, não bastam igualmente.

Poucos dentre nós sabem ser felizes. Joguetes das paixões que os governam, os infelizes são sempre atraídos ou repelidos por correntes de influências, cuja existência ignoram; e, como cegos abandonados no meio do tumulto, são constantemente empurrados, agitados, arrastados, sem mesmo pensar em resistir. Ignoram que a fonte dos bens de que gozamos, como a dor dos males que sofremos, está dentro de nós e não fora; que temos o que atraímos e que atraímos o que merecemos.

Para tomar a felicidade onde ela se acha, isto é, em nós, é indispensável compreender que ela não está alhures e que é sempre proporcional ao número e à importância das qualidades que possuímos.

Alguns indivíduos suficientemente evoluídos possuem naturalmente qualidades bastantes para serem relativamente felizes mesmo na pobreza e em certos períodos de sua vida. A maior parte dos outros pode adquiri-las, desenvolvendo em si o *magnetismo pessoal* que, fazendo-os progredir o mais rapidamente, lhes permite vencer as tentações e os desejos de má qualidade que os assaltam e substituir seus defeitos por qualidades.

Quando o indivíduo possui as qualidades requeridas, pode ser feliz em qualquer parte, tanto numa choupana como no mais suntuoso palácio, na pobreza como na opulência; no quartel, na oficina, onde ganha pouco, como em certas profissões liberais onde o dinheiro entra a rodo.

Há muitas qualidades a possuir ou condições a desempenhar para o homem ser feliz; mas como uma não é, muitas vezes, senão a conseqüência de outra, pode-se reduzi-las a um pequeno número.

É o que vou fazer, classificando-as segundo a importância que lhes atribuo.

1. A mais importante das condições suscetíveis de assegurar a felicidade acha-se, *exclusivamente, na maneira de a conceber.*

Convém primeiro lembrar que ocupamos tão-somente a situação merecida, conseqüência natural e inevitável dos pensamentos que emitimos e das ações que praticamos. Em seguida, qualquer que seja a situação que possuímos, devemos contentar-nos com o que temos sem cobiçar o bem alheio.

Não querer parecer maior do que somos realmente, com intenção de chamar a atenção e gozar de uma consideração imerecida, pois a inveja causa-nos numerosas privações que são sempre acompanhadas de dores pungentes. Aquele que for favorecido pela fortuna, não perca de vista que não deve apegar-se a ela demasiadamente e que não a levará consigo ao deixar este mundo; que ela constitui para si uma pesada responsabilidade moral, se não a administra prudentemente, isto é, tomando o que lhe é necessário e deixando o resto aos necessitados.

Procurando um conforto suficiente, deve evitar o grande luxo e cobrir-se de ornamentos que não passam de ostentações da vaidade. A mesa não deve ser um objeto de gozo. Deve saber que é obrigado a comer para viver, e não viver para comer.

Que aquele que está momentaneamente na necessidade guarde toda a sua serenidade e não lamente a sua sorte, pois seu desânimo e suas lamentações viriam agravar mais o seu estado.

Que espere, pelo contrário, uma situação melhor; que procure obtê-la e a exija como coisa que lhe é devida; se esta exigência for legítima e razoável, não tardará em obtê-la, pois ele possui o poder de realizá-la.

Que pense na felicidade futura e a atraia. Esperando-a, qualquer que seja a sua desgraça, compreenda que, em seu redor, há misérias ainda maiores.

Esta maneira de considerar a desgraça e de transformá-la em felicidade constitui uma grande parte da ciência espiritual que proporciona a intuição e permite ver claramente o que os entendimentos comuns não alcançam. É dela que brota a fonte inesgotável onde bebem, constantemente, sem percebê-lo, todos os que triunfam.

2. A segunda condição é ter *saúde*. Gozando saúde, o rico pode divertir-se, se tal é o seu desejo; o pobre pode trabalhar e prover honradamente às suas necessidades; e ambos, faltos de outras condições, podem, por seu modo, gozar de certa felicidade.

É, pois, necessário fazer o possível para conservar a saúde, se a possui; e quando a não tiver, procurar todos os meios razoáveis, principalmente os da higiene, para a recobrar.

E todavia a saúde, por mais importante que seja, não é, como se pensa geralmente, a condição mais importante para a felicidade, pois há um grande número de doentes que, apesar dos seus sofrimentos, reconhecem que não são infelizes. Isso é devido, sem dúvida, à sua resignação, paciência, coragem e alegria; em resumo: ao seu *modo de conceber a felicidade.*

3. A *bondade* é uma das condições indispensáveis à felicidade.

Dando a mão fraternalmente a todos os homens, tanto ao rico como ao pobre, sem distinção de crença, idade ou sexo, a bondade domina as consciências elevadas e penetra-as inteiramente.

Aquele que é bom, goza constantemente de uma imensa felicidade, que aumenta todas as vezes que ele acrescenta um benefício àqueles que já prodigalizou anteriormente. Pode-se ainda afirmar que a bondade faz brotar a felicidade de nossos passos e que quanto mais honestos nos tornarmos, mais felizes nos faremos; e, inversamente, quanto mais maldosos, tanto mais infelizes. Ser bom para o próximo é semear a felicidade para si, mesmo quando se colher unicamente ingratidão, pois a verdadeira bondade deve ser colocada acima das pessoas a que servimos. Embora esqueçamos o serviço prestado, o prazer que auferimos pelo benefício que fizemos não se apaga jamais.

Dizem que a bondade não é acessível a todos, pois a pessoa a traz consigo, quando nasce. Realmente. Nascemos com aptidões, faculdades, qualidades ou defeitos que são a conseqüência inevitável dos atos bons ou maus que praticamos nas existências passadas. Como, porém, com os progressos da evolução, todos os indivíduos se aperfeiçoam e devem tornar-se bons, a bondade reside em estado latente no fundo de todas as consciências, mesmo as menos desenvolvidas; e, como todas as faculdades, ela pode ser cultivada e desenvolvida.

4. Compreende-se agora que a felicidade não se acha completamente na fortuna, nos prazeres mundanos, nem mesmo na saúde; reside, sobretudo, no modo de concebê-la. Depende da bondade, da paz do coração, da tranqüilidade de espírito, de certa estabilidade econômica e uma vida simples e isenta de preocupações que nós próprios criamos.

A ocupação do espírito por pensamentos e projetos úteis aos outros, o trabalho manual, são úteis a todos, pois é no trabalho e na satisfação do dever cumprido que se acha uma das fontes principais da felicidade. É o que quer dizer o provérbio latino: *Hominis labor primum virtus* (O trabalho é a primeira virtude do homem).

Devemos meditar para discernir o que é possível do que não é, limitar nossas aspirações, a fim de nos certificarmos antecipadamente de poder realizá-las.

5. No estado atual de nossa evolução o *sofrimento* é um mal necessário. É a sombra que faz ressaltar a beleza da luz.

Há poucos homens entre os que chegaram ao fim que tiveram em mira, que não tenham sofrido dissabores, privações e miséria. Pergunte-lhes isto! Todos lhe dirão que o sofrimento que passaram lhes fez compreender hoje toda a importância de sua felicidade. Toda medalha tem seu reverso; não há verdadeira alegria sem amarguras. O prazer afrouxa, a alegria prolongada cansa.

Contrariamente, a dor — que não mata as pessoas bem equilibradas — fortifica o caráter e abre ao destino horizontes novos.

Não procuremos o sofrimento, mas quando nos atingir, aceitemo-lo corajosamente como se o merecêssemos; comparemo-nos, então, com os que estão acabrunhados sob o peso de sofrimentos maiores e, esperando pacientemente que a calma se restabeleça, consideremo-nos como suficientemente felizes.

6. Postos no mesmo meio, todos os indivíduos não o vêem de maneira idêntica.

Certos indivíduos podem olhar o mal, sem o ver, ao passo que outros o vêem por toda a parte, mesmo onde não está.

O bem ou o belo lhes escapa quase completamente. Os primeiros, que atingiram certo grau de desenvolvimento, são felizes; os segundos, que são pobres retardados, não conhecem a felicidade verdadeira.

Não é o que olhamos que nos impressiona, mas o que somos suscetíveis de perceber e, sobretudo, de compreender.

Procurem os infelizes dirigir a corrente de seus pensamentos para o bem, para o útil, para o belo, que chegarão, pouco a pouco, a atingi-los e a felicidade que lhes fugia virá ao seu encontro porque se farão capazes de a apreciar e, sobretudo, de a merecer.

7. Se quisermos ser felizes, não percamos ocasião de fazer o bem. Portemo-nos um pouco segundo nossa razão, mas, sobretudo, conforme a intuição que dá a reflexão meditativa, e não segundo o sentimento, pois este nos escraviza a pessoas e coisas que nos rodeiam.

Evitemos, pois, o *sentimentalismo*; levemos socorro ao doente e ao ferido, animando-o; façamos a esmola ao pobre, antes mesmo que ele nos estenda a mão. Depois, afastemo-nos dele e não pensemos mais nisso, pois apiedando-nos de sua sorte, despendemos energia ao mesmo tempo que somos mais desastrosos do que úteis.

Termino este capítulo oferecendo ao leitor uma lista de pensamentos de alguns mestres. Espero que o suave perfume que espalham inebrie a sua alma e acabe por gravar em sua memória as afirmações. Estas foram por mim vividas antes de as apresentar aos leitores.

A arte de ser feliz é enriquecer-se cada dia por um benefício; não há felicidade maior que a bondade. — *Juliette Adam.*

A ciência da felicidade é amar seu dever e procurar nele o prazer. — *Condessa Dash.*

Muito se disse do meio de fazer a vida feliz. A fórmula é simples: — saber fazer-se amar. — *H. de la Pommeraye.*

A felicidade pertence àquele que faz aos outros felizes. — *Delille*

Você ficará contente com a vida, se dela fizer um bom uso. — *Renan.*

Não faz o homem a sua felicidade, a não ser ocupando-se da de outrem. — *Bernardin de Saint-Pierre.*

A felicidade é um sentimento do bem. — *Volney.*

A felicidade é a saúde da alma. — *Berthélemy.*

A felicidade depende mais das afeições que dos sucessos. — *Mme. Roland.*

A felicidade é necessariamente a partilha exclusiva da verdadeira virtude. — *Cabanis.*

Toda felicidade é feita de coragem e de trabalho. — *Balzac.*

A felicidade não está em possuir muito, mas no esperar e amar muito. — *Lamenais.*

O grande segredo da felicidade é estar contente consigo mesmo. — *J. Janin.*

A felicidade é sentir que a sua alma é boa. — *J. Joubert.*

A felicidade depende menos das circunstâncias que do caráter. — *E. de Girardin.*

O homem faz a sua felicidade como a abelha, o seu mel. — *Deschanel.*

A felicidade é um efeito da sabedoria, mais do que um presente do destino. — *L. de Veuillot.*

A felicidade não consiste no adquirir e gozar, mas em não desejar, pois ela baseia-se na liberdade. — *Epiteto.*

Ser feliz é ver, sem inveja, a felicidade dos outros e, com satisfação, a felicidade comum. — *Bossuet.*

Um grande obstáculo à felicidade é esperar por uma grande felicidade. — *Fontenelle.*

O prazer é uma situação, a felicidade um estado. — *Duclos.*

É em vão que o homem procura ao longe sua felicidade, quando descura cultivá-la em si mesmo, pois ainda que venha de fora, não pode fazer-se sensível senão quando se acha dentro de uma alma que saiba gozá-la. — *J. J. Rousseau.*

O prazer pode apoiar-se na ilusão, mas a felicidade assenta na verdade. — *Chamfort.*

Nem o ouro, nem a grandeza nos fazem felizes. — *La Fontaine.*

Procuro a minha felicidade na de outrem. — *Corneille.*

Provam-se gostos diversos
Em diferentes idades:
Prazer é felicidade dos loucos.
Felicidade é o prazer dos sábios.
Boufflers.

A felicidade nasce, muitas vezes, do seio da própria desgraça. — *M. J. Chénier.*

Uma felicidade constante torna-se insuportável. — *Du Houssaye.*

Peça à virtude o segredo da felicidade. — *V. Hugo.*

O prazer faz crer na felicidade. — *Béranger.*

A felicidade é o fim a que todo mortal aspira. E a ela só nos pode levar o caminho dos bons costumes. — *Ducis.*

12

Higiene

Não é realmente à medicina, mas à higiene que o homem deve recorrer para se desembaraçar da maior parte dos males que o atormentam e, sobretudo, para os evitar, pois o médico é tão impotente para curar os outros como a si mesmo.

A saúde não se compra por receitas mas adquire-se por merecimento.

A nossa força, os nossos meios de êxito estão sob o controle imediato da nossa razão, e é numa higiene bem compreendida que devemos achar não só o meio de viver cem anos, mas felizes e bem dispostos.

Esse breve capítulo, cuja parte maior constitui o resumo do que o precede, não tem quase razão de ser para os que já adquiriram certo grau de desenvolvimento, pois estes já compreenderam qual a linha de conduta que devem observar na vida. Não o escrevo senão para aqueles que, atrasados no caminho da felicidade, têm firme vontade de avançar mais depressa. Divido-o em *higiene física* e *higiene moral*.

HIGIENE FÍSICA

O homem deve sempre sujeitar-se às regras ordinárias da natureza, regras que nos são suficientemente indicadas por toda parte.

Aqueles que não as conhecem suficientemente poderão tomar excelentes exemplos da observação dos animais.

Em todos os casos, convém abster-se de prática antinatural inventada por interessados sob o mentiroso pretexto de aumentar nossas forças e riquezas materiais.

Tanto quanto possível, deve o homem deitar-se cedo, depois de um dia bem preenchido pelo trabalho, e levantar-se, na medida do possível, a horas regulares e sempre as mesmas segundo as estações. Segundo a natureza do trabalho, temperamento, estado de saúde, a duração do sono do adulto deve ser compreendida entre seis e nove horas.

É bom habituar-se a dormir com a janela aberta, tanto no inverno como no verão, em um quarto bem arejado, pois nossos pulmões necessitam de ar puro e suficientemente renovado.

Veja-se, para melhor orientação, o capítulo da *Respiração profunda.*

As refeições devem ser tomadas a horas regulares. É preciso comer lentamente, mastigando muito bem os alimentos.

Não ler à mesa, nem discutir apaixonadamente; e, tanto quanto possível, escolher para a conversação (que não deve ser muito ativa) assuntos interessantes e alegres.

Não comer nunca sem ter fome, e deixar a mesa com algum apetite, pois não é a quantidade de alimentos que nutre, mas a qualidade deles.

Uma alimentação leve convém melhor à maioria das pessoas, sobretudo aos que se dão a trabalhos intelectuais.

O regime vegetariano é excelente para alguns, ao passo que o abuso de carne prejudica a maioria.

Um regime misto muito bem compreendido, suficientemente variado, é o mais proveitoso para todos. Em todos os casos, consulte cada qual o seu gosto e a sua experiência, pois o alimento que se toma com satisfação, digere-se com facilidade e fornece materiais úteis à assimilação para manter convenientemente o organismo.

O melhor elixir de longa vida é a frugalidade e a sobriedade; em todos os casos convém evitar os aperitivos e digestivos, como evitamos os venenos, e considerar o álcool como um medicamento útil, mas muito prejudicial na maioria das vezes.

Diz Mulford: “O estado do seu mental durante as refeições é muito mais importante do que o alimento que você ingere, por mais agradável que seja. Ao comer, você incorpora em seu eu espiritual os pensamentos que ocupam seu cérebro naquele momento. Se os pensamentos são coléricos, sombrios, desanimadores, irresolutos, odiosos ou se você come com precipitação e impaciência, você assimila essa forma do mal e ela torna-se parte integrante de você mesmo. Seu alimento torna-se, assim, o meio material que lhe traz a força nociva. Ele pode ser substancioso, mas se seu estado mental é mórbido, o alimento não será senão um canal de elementos nocivos. Comer com calma, serenidade e tranqüilidade no meio da mais sã e agradável conversação, proporciona pensamentos salutares". (*Nossas Forças Mentais*)

Convém, sobretudo, não esquecer que, desejando o homem melhorar a si mesmo — *purificar-se* segundo a expressão teosófica — deve evitar nutrir-se de alimentos pesados, carnes, e sobretudo quando não estão muito frescas, e que, se deseja dominar as paixões, é necessário abandonar as substâncias que incitam esses sentimentos. Assim, aquele que quer moderar os excessos do amor físico, deve evitar os alimentos afrodisíacos.

O ar e a luz solar são alimentos tão indispensáveis como os que ingerimos pela boca.

Aqueles que trabalham em recintos fechados devem fazer, diariamente, exercícios ao ar livre e procurar pôr os músculos em atividade. A natação, o remo, a patinação, a ginástica, o ciclismo, os jogos e passeios ao sol, as distrações em geral, e sobretudo a marcha regular, tonificam o corpo e o espírito; mas o excesso fatiga inutilmente ou leva à dissipação e esta conduz ao vício.

O aspecto pessoal deve ser bem cuidado. Evitando o desleixo assim como as ostentações supérfluas, devemos vestir-nos com decência, sem esnobismo e sobretudo sem extravagância. As roupas devem ser cômodas para não oporem obstáculos aos movimentos. O modo de nos trajarmos deve ser tal que nos sintamos bem confortados no inverno e não muito despidos no verão.

Uma casa clara, alegre, bem arejada e espaçosa, sobretudo na cidade, se os nossos recursos o permitirem, contribui grandemente para a nossa saúde e felicidade.

O asseio meticuloso do corpo, do vestuário e da residência é condição absolutamente indispensável.

Muitas dores de cabeça e outras moléstias de causa ignorada são devidas à ação tóxica de certos odores.

Nada aromatiza tão bem como uma pessoa robusta e sã. Os perfumes não devem ser usados senão para corrigir odores malignos e profissionais.

Em plena saúde, só se deveriam perfumar os vendedores de peixe e queijos, quando saíssem do seu ofício.

Você não deve ser influenciável demais, mas obedeça aos menores avisos dados pelos seus órgãos sob forma de dor ou mal-estar.

Procure a causa desse sofrimento e trate de suprimi-la; para isso, os meios mais simples são quase sempre os mais eficazes.

Redobre os cuidados higiênicos, empregue a automagnetização, a magnetização de um conhecido e apele mesmo para um amigo simpático.

Quando deixamos um mal-estar transformar-se em doença e, sobretudo, quando esta se fez crônica há muito tempo, convém muita paciência para nos desembaraçarmos dela e, neste caso, nos será de grande vantagem a ajuda de um magnetizador profissional.

Para possibilitar à maioria desses doentes tratarem-se sozinhos, redigi, num estilo simples e conciso, ao alcance de todos, monografias relativas ao tratamento da maior parte dos casos. Esses estudos foram publicados num pequeno volume ilustrado, na coleção *Pour combattre...* pela *Librairie du Magnétisme.*

Se formos vítimas de um acidente ou bruscamente afetados de moléstia aguda, é preciso chamar imediatamente o médico, pois, neste caso, sobretudo para a família, é bom que o paciente seja cientificamente tratado segundo ritual da Faculdade.

Não deve mesmo ser desagradável ao doente, sobretudo quando não pode fazer outra coisa, morrer doutoralmente conforme as regras da arte.

HIGIENE MORAL

Não fazer aos outros o que não queremos que nos façam. Para bem se compenetrar do alto valor deste preceito, remeto-lhe ao capítulo 2 da segunda parte.

Os maus hábitos e as paixões constituem obstáculos quase insuperáveis ao desenvolvimento da personalidade magnética. Convém, pois, pôr toda a sua atenção na resolução bem firme de se desembaraçar desses sentimentos o mais cedo possível.

Se não o conseguir pelo raciocínio e pelo poder da vontade, empregar a auto-sugestão (rever este capítulo) e mesmo a absorção da energia.

Não cobice o ouro do rico nem a ciência do sábio, que dão raramente a felicidade. O bem mais precioso é a influência pessoal que, empregada com amor e desinteresse, assegura o bem-estar e garante a saúde física e moral.

Não seja arrogante nem orgulhoso, mas conserve a nobre e modesta altivez que dá o sentimento da força real. Convém sobretudo que você seja digno e não descaia à humildade, pois a humildade exagerada conduz à baixeza e esta obriga a rastejar aos pés dos outros, e os que rastejam estão sempre mais expostos às brutalidades da sorte do que os demais.

Não aceite o prazer senão quando o quiser e não o queira senão quando for necessário, pois se o abraça a cada passo que se apresenta, você malbarata inutilmente as suas forças.

É, portanto, necessário que você *absorva* a força de um desejo que você não deve satisfazer, para empregá-la segundo as necessidades, como o expliquei no capítulo precedente.

É indispensável que você se domine, refreando as suas paixões, pois não podemos governar os outros se não o fazemos com nós mesmos.

A alegria, a esperança e a confiança em si próprio originam o amor à vida e este é a alma da saúde física e moral.

Convém, então, utilizar os meios precedentemente indicados para expulsar a tristeza, a desesperança e o desânimo, que conduzem ao insucesso e à desgraça.

O homem cuja personalidade magnética é desenvolvida a um certo grau tem, muitas vezes, necessidade da solidão para meditar e pôr-se mais facilmente em contato com as forças superiores da natureza; mas a maior parte das pessoas deve procurar a sociedade, possuir muitas relações, com a condição de fazerem uma escolha rigorosa, pois nós absorvemos o pensamento dos outros e nos influenciamos facilmente, sem o perceber, por suas qualidades e principalmente por seus defeitos.

Muito ganhamos em nos relacionar com pessoas mais adiantadas do que nós, ao passo que nos prejudicamos consideravelmente em conviver com pessoas menos evoluídas, a menos que nos ponhamos em estado de expansão, para nos defender, consoante o que já disse no fim do capítulo intitulado *Sugestão e auto-sugestão.*

Devemos procurar ver coisas alegres, evitar o mais possível as coisas feias e não aceitar nunca convites de pessoas que nos são antipáticas.

Devemos ser dignos em relação a todos; mas nas relações sociais não nos devemos absorver. Sem termos a pretensão de dirigir as sociedades, devemos retirar-nos daquelas em cujo meio não poderíamos tomar qualquer iniciativa, a menos que nela ingressemos exclusivamente para educar-nos.

A discrição é uma qualidade indispensável ao desenvolvimento da personalidade magnética, pois se alguém conhecesse o fim que você persegue, desconfiaria de você e esta desconfiança poderia neutralizar o seu poder.

Por outro lado, o público deve ignorar geralmente nossos desejos, intenções, planos e desígnios, pois, sendo-lhe comunicados, perderemos primeiro toda a força e, em seguida, podem ser realizados por outrem em nosso detrimento.

Não devemos nos esquecer jamais de que o segredo constitui um dos arcanos da magia antiga, e ocultistas modernos atribuem-lhe a mesma importância.

Não convém, todavia, guardarmos tudo para nós; mas confiar tão-somente em amigos leais, mais evoluídos que nós e que nos poderiam ajudar com suas experiências e conselhos.

Não procure louvores e menos ainda lisonjas, pois todo *lisonjeador vive à custa daquele que o escuta.*

Quando um vaidoso se comove pela adulação, uma corrente mental se estabelece entre ele e o adulador; e o adulador é o que ganha a força perdida por sua vítima. Não procure cumprimentos: *procure antes os conselhos do que os louvores.*

"A fé remove montanhas" — pois ela põe precisamente o crente no estado desejado para agir por si mesmo com eficácia.

Aqueles que têm a fé religiosa devem conservá-la procurando orientá-la para o desenvolvimento de sua personalidade; os espíritas, que crêem na intervenção dos seus bons espíritos, devem continuar a evocá-los, e aqueles que não crêem em nada, devem acreditar, pelo menos, nas suas possibilidades e no desenvolvimento de suas potências pessoais. E, para isso, não encontrarão dificuldades. Que ponham, pois, mãos à obra e logo obterão alguns resultados satisfatórios e, à medida que estes forem aumentando, lhes irá também crescendo a confiança no poder pessoal e a fé não lhes tardará a chegar.

Tímida e fraca no início, ela se desenvolverá progressivamente e poderá tornar-se bastante forte para realizar verdadeiros prodígios.

O conhecimento e o respeito de si mesmo, rigorosamente regulados pela razão, constituem uma potência soberana.

Forte é aquele que bem se conhece e mantém-se simples, modesto e digno.

Sejamos sobretudo práticos, principalmente quando nos ocupamos dos negócios.

Não desprezemos os métodos racionais; prefiramos sempre os meios lógicos, honestos e lícitos.

Saibamos limitar as nossas aspirações.

Não nos aferremos aos bens da Terra, os quais, não só são passageiros e fugazes, mas ainda podem, de uma hora para outra, ser-nos tirados.

Renunciemos e tratemos de adquirir a grandeza de alma, a nobreza da inteligência e a bondade de coração, que são indestrutíveis e, como promete o Evangelho, *o resto virá por acréscimo.*

Esforcemo-nos por compreender também que, sob modestas aparências, o indivíduo que consideramos algumas vezes como um homem pobre, pode ser (em bens verdadeiros) mais rico do que a maior parte dos milionários.

Devemos evitar a cólera, pois ela constitui uma força terrível que produz sempre efeitos destruidores, primeiro sobre nós, depois sobre aqueles que nos rodeiam.

Quais condições a preencher para ser forte e chegar ao cumprimento de suas aspirações?

Convém, antes de tudo, que saibamos o que queremos e querê-lo realmente; que nos convençamos de que, se o desejo é lógico, razoável e legítimo, poderemos realizá-lo num tempo mais ou menos longo. O êxito nos pertence.

O homem que, no cumprimento de sua profissão, põe nela diariamente toda a sua inteligência, consciência e vontade, chegará, sem nenhuma dúvida, a desempenhá-la com perfeição e a achar nela grande satisfação, quaisquer que sejam os obstáculos que deparar pela frente.

O autodomínio possui por si mesmo considerável importância. Os gritos, as ameaças, os gestos representam já uma energia esfacelada; a cólera é o maior sinal de fraqueza. O sábio sempre foi representado sob as aparências de uma grande calma. O homem que conserva uma atitude firme, calma e pacífica quando aparece num meio revoltado, leva já uma impressão de repouso, tranqüilidade e conforto, que vai aumentando à medida que a sua presença se prolonga. Este homem inspira algumas vezes o temor, mas sempre impõe respeito.

Muitos se queixam de acúmulo de trabalho e não sabem como o farão. Vendo-os em suas agitações, podemos perguntar se eles podem realmente cumprir, sem sofrimentos, os seus múltiplos trabalhos.

Não é a soma do trabalho a cumprir, por mais considerável que seja, que os fatiga. Muitos dias antes de começado o período de atividade mais intensa que os desgosta, já se assustam e se inquietam. Desempenharão a sua tarefa? Não se acharão faltos de forças de modo a não poderem desempenhar bem o seu dever? Terminarão a tempo?

Em lugar de distribuir seu trabalho metodicamente, o que os tranqüilizaria plenamente, na generalidade dos casos, deixam errar o pensamento e, com o espírito já fatigado, mal dispostos, põem mãos à obra. Pensando a cada instante nas obrigações que devem cumprir em um período determinado, esgotam-se por uma atividade interior multiplicada e só dão de si fracas manifestações exteriores.

Este resultado é ainda perturbado pelo fato de que o pensamento do trabalho a cumprir preocupa o do trabalho atual e leva-nos de um trabalho a outro desordenadamente, sem discernimento, o que aumenta ainda a aflição do inacabado e o sofrimento produzido pela verificação de uma diminuição de capacidade.

Fazer uma coisa por vez é ter todo o seu pensamento voltado para essa coisa, como se as demais não existissem. Tendo o homem estabelecido, na véspera ou de manhã, o programa do dia, sabe que os trabalhos chegarão cada um em sua hora. É preciso não apenas concentrar-se na tarefa presente, mas ainda fazê-la sem pressa, pois uma relativa lentidão é a condição requerida para realizá-la depressa e bem, sobretudo se a tarefa é complicada.

Para isso deve o leitor meditar sobre o capítulo 4 da segunda parte.

A atividade é indispensável; dizem, e com razão, que o movimento é a vida.

Para desenvolver suas forças e abrir para si um caminho, deve o homem procurar a atividade, trabalhar muito e não temer a luta.

Não temer dar de si mesmo, pois quanto mais gastarmos forças, mais receberemos outras novas e, quanto mais doarmos de nós, melhor nos sentiremos. É esta a razão por que quase todos os grandes magnetizadores, que consagraram sua vida ao bem de seus semelhantes, acabaram felizes, atingindo idade avançada.

Não sejamos avaros nem dissipadores; mas se você tiver grandes lucros, dê largamente.

Em todos os casos, façamos o possível para aliviar a miséria dos que nos rodeiam, sem lastimar sua sorte.

Aquele que é realmente forte, não censura a ninguém nem se queixa de nada.

Não deve jamais falar de si como de alguém importante que sabe tudo.

Quando falhar num projeto, ele deve estudar um novo, meditá-lo mais profundamente a fim de alcançar um êxito completo quando fizer outro projeto.

Todos nós somos solidários; é por isso que devemos proteção e auxílio uns aos outros.

Somos membros da mesma família e todos destinados a chegar, cedo ou tarde, ao mesmo fim.

Todos seguiremos o mesmo caminho de evolução; mas não somos igualmente evoluídos.

Enquanto uns estão mais perto do cume, outros, mais jovens e retardatários, estão ainda longe dele.

Os primeiros nos auxiliam como foram auxiliados por seus antecessores, e nós, pelo menos aqueles que precedem os últimos, devem estender-lhes a mão, pois não nos esqueçamos de que no caminho, seguimos uns, e outros nos seguem com maior ou menor dificuldade, que podemos, de algum modo, suavizar.

Amemos a vida, tornando-a tão agradável quanto possível e tratemos de prolongá-la assim, pois é sobretudo em nossa passagem através da matéria física que evoluímos.

Mas, quando a última hora soar e os órgãos que servem de vestimenta ao ser real estiverem gastos, deixemo-los com alegria, lembrando-nos de que a vida atual é apenas um degrau da imortalidade, um degrau da interminável escada que devemos subir e de que, depois de um tempo de repouso, renascemos em condições tanto melhores quanto tivermos feito para merecê-las.

Resta-me acrescentar algumas reflexões interessantes, que foram expressas por autores conhecidos e apreciados:

> Querer bem, querer muito, querer sempre, sem jamais cobiçar nada, tal é o segredo da força. É este o arcano mágico que Tasso põe em ação na pessoa dos dois cavalheiros que vêm libertar Renaut e destruir os encantamentos de Armida. Esses heróis resistem tanto aos amores das Ninfas mais encantadoras como aos mais terríveis animais ferozes. Assim é que ficam sem desejos e sem temores e chegam ao seu fim. — Éliphas Lévi *(Dogma e Ritual da Alta Magia)*
>
> Se desejar progredir no caminho da perfeição, aprenda a amar.
>
> Ame o que é elevado e você será atraído para o que for elevado.
>
> Devemos amar em cada homem a humanidade e não a personalidade. Se você desprezar alguém, desprezará a si mesmo, pois aquele que nota demasiadamente os erros dos outros, possui em si mesmo os elementos desses erros. — Hartmann *(A Magia)*
>
> O amor é o elemento mais necessário para a conservação da vida. Sem este elemento, não há possibilidade de vida e, se um homem cessa de amar a vida, cessa de viver. Amar uma vida mais elevada, conduz o homem a uma posição mais elevada; amar um estado inferior, fá-lo descer ao que é degradante. — *(Idem)*
>
> Não tomamos as coisas pelo que são a não ser quando queremos agir.
>
> O selvagem não vê, na Minerva esculpida, senão um curioso pedaço de rocha, e um belo quadro não é, para ele, senão uma tela com borrões de várias cores.
>
> O avaro, olhando as belezas da natureza, pensa somente em seu valor monetário, ao passo que, para o poeta, a floresta regorgita de fadas e a água está cheia de Ondinas.
>
> O artista vê belas formas nas nuvens, nos rochedos e nas montanhas e, para as naturezas poéticas, cada símbolo da natureza torna-se um poema e sugere-lhe idéias novas.
>
> Quanto ao vilão, que atravessa a vida com ar sombrio, este vê, em todos os cantos, um inimigo e não acha nada de atraente, salvo a sua pessoa.
>
> O mundo é um espelho em que cada homem pode ver o seu próprio reflexo.
>
> Àquele que tem uma bela alma, o mundo *parece belo;* àquele que a tem disforme, *tudo parece feio.* — *(Idem)*

O dinheiro representa o princípio de equidade e deve ser usado de modo a fazer todos aptos a obterem o justo equivalente de seu trabalho.

Se desejamos mais dinheiro que o que nos é necessário, apetecemos coisas que não nos pertencem, mas sim a outrem.

Se pedimos a alguém um trabalho e não lhe pagamos o equivalente, privamo-lo da justiça e, então, nos privamos da verdade, que é uma perda muito mais séria que a do dinheiro para aquele a quem enganamos. — *(Idem)*

A melhor educação a dar aos jovens e mesmo aos velhos, não é repreendê-los, mas conduzir-se à vista deles segundo os princípios que se desejaria ensinar-lhes. — Platão

O primeiro passo para o bem é não fazer o mal. — J. J. Rousseau.

A alma do lar é doce e benfeitora para os que lhe atribuem amor e respeito. — *O. Gréard*

Por toda parte e sempre, a natureza tende a favorecer as fortes individualidades. Aquele que trabalha para cultivar uma individualidade em si ou em outros, não encontra jamais verdadeiros obstáculos. — V. Morgan

O que é a vida? — Sonhos em um sonho.

Desperta o homem a cada passo, até ao túmulo, despertar supremo. — Walter Scott

13

Conclusão

Haveria ainda muito que dizer; mas os grandes programas não são sempre os melhores e o que precede bastará certamente para a maior parte dos que querem desenvolver, seriamente, sua personalidade magnética. É com esta convicção que termino este trabalho.

Tenho absoluta certeza de não ter perdido o tempo que consagrei a redigi-lo, pois tenho a intuição de que ele será de proveito aos que, com paciência, o estudarem, mesmo aos que não se julgam capazes de fazer o menor esforço.

Ele terá um alcance considerável para os que são já suscetíveis de fazer inteligentemente ato de vontade, e será uma verdadeira revelação para os que se elevarem pouco acima do comum dos homens, pois ele lhes indica meios simples e práticos que nem mesmo supunham existir. Abre-lhes vias retas e seguras que não seguiam — vias claras que o levarão à felicidade mais rapidamente que as que trilhavam até então.

Magnetismo Pessoal não é um livro que se lê como um romance. É uma obra de se ter à cabeceira, digna do estudo atento e meditado, pois as grandes verdades que contém não podem ser imediatamente compreendidas por todos em sua simplicidade.

Relendo-o, compreendem-se certas demonstrações que nos haviam escapado; as partes obscuras se esclarecerão; e, relendo-o, poder-se-á ler nas entrelinhas alguns pensamentos que não pude exprimir por falta de espaço.

Um último conselho ao leitor, antes de o deixar.

Dois métodos se tiram do ensino precedente: um passivo, que consiste em desenvolver, ao mesmo tempo, todas as suas faculdades, para se tornar *magnético* na acepção própria do termo, isto é, suscetível de atrair naturalmente as boas coisas e repelir as más, mas sem fazer nada de especial para isso, outro *ativo,* que consiste em cultivar uma ou várias faculdades, com o fim de obter vantagens determinadas, por exemplo, a fortuna, o domínio, as satisfações do amor físico, o poder de produzir este ou aquele fenômeno estranho.

O primeiro método é preferível ao segundo, pois não deixa lacunas em nosso desenvolvimento e permite-nos estar mais bem armados para a luta que travamos constantemente.

Com o primeiro, aquele que não perdesse de vista a idéia de seu desenvolvimento completo e que, para isso, consagrasse regularmente uma hora, todos os dias, a exercícios escolhidos e inteligentemente executados, obteria resultados prodigiosos que aumentariam ainda de ano em ano.

Aquele que o quisesse seriamente, seria completamente senhor de seu corpo e de seu espírito; sua atividade redobraria e sua energia aumentaria o bastante para torná-lo quase infatigável.

Se ele não chegasse à fortuna, poderia estar certo de possuir sempre cômodos recursos; tornando-se rico, ficaria senhor de suas riquezas e não se escravizaria jamais a elas. Ele levaria a bom termo tudo o que tentasse fazer, tanto melhor e mais depressa, quanto menos despidos de egoísmo fossem seus projetos.

Chegaria ao conhecimento intuitivo de todas as coisas, sem as ter aprendido, a saber, à primeira vista, o que se passa no íntimo da alma de todas as pessoas com quem se relacionasse; poderia prever quase todos os acontecimentos futuros.

Sempre respeitado por toda parte, não teria jamais inimigos; estaria acima de todas as aflições e desgostos; a doença não o feriria e a sua existência prolongar-se-ia para além de um século.

Chegado a uma certa idade, seria mais que um homem, pois teria atingido o *máximo de felicidade* que se pode esperar no plano físico, e ultrapassado o *máximo de humanidade* que é possível ser atingido neste momento pela grande maioria dos homens.

Não cultivando senão uma só faculdade, tornar-se-ia, logo, extraordinariamente forte do ponto de vista do exercício desta faculdade; mas ficaria fatalmente medíocre e mesmo inferior ao maior número de seus semelhantes quanto a outras faculdades.

É assim que os faquires, que fazem prodígios, são quase sempre seres miseráveis, mal-equilibrados no físico e pouco desenvolvidos do ponto de vista intelectual. Por outra parte, a maior parte dos *sábios de que a ciência se honra* são, evidentemente, indivíduos incompletos, possuindo a sua ciência, mas ignorando, muitas vezes, quase todas as outras.

Em todos os casos, o sábio fora da sua roda é quase sempre considerado um *homem original*. É, muitas vezes, pouco sociável e seu espírito se acha fechado a todas as coisas que não são do domínio estreito e limitado de seus conhecimentos.

Do ponto de vista do conjunto das faculdades humanas, é uma espécie de desequilibrado tanto mais forte num determinado assunto, quanto mais fraco na maior parte dos outros.

Tentei fazer compreender, pela figura 23, como este desequilibrado se mostra em nossa irradiação.

Fig. 23 — Irradiação daquele que só desenvolveu uma faculdade.

Este desequilibrado leva-me, naturalmente, a dizer algumas palavras a respeito do que se chama o *homem de gênio*.

Lombroso e mais alguns antropólogos consideraram o homem de gênio, não como um ser perfeito sob todos os pontos, mas como um ser incompleto, uma manifestação anormal da espécie humana; como um lunático, um desequilibrado, e mesmo uma espécie de louco.

O verdadeiro homem de gênio é perfeitamente equilibrado; não há lacunas em seu desenvolvimento, e podemos dizer que ele constitui o homem perfeito, o homem que atingiu quase o último grau de desenvolvimento a que podemos chegar em nossa condição atual.

Mas os homens desta natureza são extraordinariamente raros e quase todos aqueles que se consideram gênio não são realmente homens superiores senão em um ou dois pontos de vista; são apenas *eruditos* mais ou menos *distintos* ou, se quiserem, *meios-gênios*.

Eles cultivaram, com cuidado, uma faculdade, uma aptidão que se desenvolveu além da medida, ao passo que as outras ficaram estacionárias — e, talvez, algumas atrofiadas! Do ponto de vista do conjunto das faculdades mentais, não são equilibrados; e apesar de serem mais ou menos felizes, estão menos adiantados no caminho da evolução do que outros, que não atraíram a atenção geral.

A via que leva à felicidade está traçada.

Ponha agora o leitor mãos à obra com coragem e trabalho no desenvolvimento de sua potência pessoal, pois deve saber que, para ter êxito, é preciso ser forte.

O preguiçoso, o indolente, prejudica a si mesmo, não sabendo utilizar as forças que a natureza pôs à sua disposição em toda parte.

Com o *saber*, que dá o ensinamento precedente, ao invés de ficar cegamente sujeito ao destino tão implacável para alguns dentre nós, *o homem forte, o homem que sabe e quer*, toma essas forças e as utiliza para sua satisfação, para a sua felicidade e para o seu desenvolvimento tanto intelectual como moral.